JN095392

日本における地域経済・社会の現状と歴史

生活環境の視点から

宮嵜晃臣【編著】
Teruomi Miyazaki

専修大学出版局

まえがき

本書は2018年5月から6月にかけて6回にわたって実施された専修大学経済学部公開講座「日本における地域経済・社会の現状と歴史」を基に各講演者がその後の考察も加えて記した論文集である。そもそも公開講座のテーマを「日本における地域経済・社会」に設定したのは、各地の地域経済・社会がこれまでにない落ち込みを広い範囲でみせるようになり、その克服の道のりはおろか、その方向性すら見えてこない閉塞感が拭えず、その現状をまず詳らかにしたいと各が思っていたからである。現状といっても、その解明視角は各によって異なるが、現状はその歴史的経緯をたどらなければ理解できず、こうした歴史的反省の上で現状を分析することによって、初めて打開策の方向性も見えてくるではないかという認識は共有していた。タイトルに「現状と歴史」を加えた所以である。

第2次安倍政権以降、政府は「地方創生」を政策的課題として掲げ、2014年9月3日の閣議決定により「まち・ひと・しごと創生本部」を設置し、地方創生予算、地方創生関係交付金を設け、地域経済分析システム（RESAS）を構築・公開する等19の施策を展開している。(https://www.kantei.go.jp/jp/singi/sousei/about/)

内閣官房・内閣府 総合サイト曰く、「地方創生は、東京圏への人口の過度の集中を是正し、それぞれの地域で住みよい環境を確保して、将来にわたって活力ある日本社会を維持することを目的としています」(https://www.kantei.go.jp/jp/singi/sousei/)。もちろん「地方創生」も「地域の再生」、「地域の活性化」もマジックワードではない。まち・ひと・しごと創生法(2014年11月成立)第10条には「市町村(特別区を含む。以下この条において同じ。)は、まち・ひと・しごと創生総合戦略(都道府県まち・ひと・しごと創生総合戦略が定められているときは、まち・ひと・しごと創生総合戦略及び都道府県まち・ひと・しごと創生総合戦略)を勘案して、当該市町村の区域の実情に応じたまち・ひと・しごと創生に関する施策についての基本的な計画(次項及び第3項において『市町村まち・ひと・しごと創生総合戦略』という。)を定めるよう努めなければならない」と市町村に同戦略・計画の策定を課していた。種々の予算措置も講じられ、この『市町村まち・ひと・しごと創生総合戦略』については「まち・ひと・しごと創生法の成立後、わずか1年余りで99・8%の市町村が、2年余りで東京都中央区を除くすべての市町村が策定を終えた」(坂本[2018]、77頁)という。

しかし、坂本[2018]に示されている、この戦略を策定した市町村(1741基礎自治体)で、アンケートに回答を寄せた有効母数1342基礎自治体(構成比77・1%)のうち1037基礎自治体(母数の77・3%)が「総合戦略の策定にあたって、コンサルタント等に委託をし」たと回答していた(坂本[2018]、82頁)。「職員の事務量軽減のため」、「国からの交付金があったため」、「専門知識を補うため」、「関連する情報を入手するため」が委託理由の上位を占めている（坂本［2018］、82頁）ものの、多くの自治体がコンサルタントに戦略策定を依頼したことは地域創生・再生のための戦略・計画立案の困難さを浮き彫りにしていると考えられる。この困難さについては立案主体の問題も否定できないが、客体に大半の理由があり、コンサルタントもこの困難さを容易に解決しているとは想像できない。各章に入る前に、この困難さの現状を簡単にみておきたい。

表‐iは地域単位を便宜上都道府県として捉え、七つの指標から地域の困難性を把握するために用意したものである。（a）は1990年から直近データーの2018年までの人口増減をみたもので、首都圏での人口増が顕著で、首都圏以外では愛知県、沖縄県での増加が目立つ。北関東、関西圏ではトータルには現状維持といったところであろう。宮城県、福岡県で若干増えており、その特徴は県庁所在地での人口増にあり、北九州市では人口が減少している。それ以外の道県は軒並み人口が減少している。そして人口減少している道県が同時に高齢化率（b）も高くなっているのである。この両者の特徴を合わせて考えると、人口が減少している道県では人口減少が若年層に起きていることが十分に予想される。（a）で人口最減少を記録し、（b）の高齢化率で最も高い数値をあげている秋田県は（g）の大卒・院卒の割合でも最も低い。毎年行われている小六と中三の全国学力テストの正答率ランキングで首位・上位をキープしている秋田県が大卒・院卒割合で最も低いというのはどうしても腑に落ちないところである。

RESASの「人口の増減／マップ」で秋田県の人口移動を2018年で調べてみると、首都圏への転出は6373人、首都圏からの転入は3859人で、2514人の転出超過となっている。転出超過はこの間継続してみられ、その結果として人口減の一要素社会減に歯止めがかからない状態だといえよう。転入者が転出者に追いつかない理由の一端はそれだけ秋田県へのUターンが難しいことにあると考えられる。（c）の製造従業者数変化でみてみると、秋田県の2017年のその状況は1990年の54・2％、ほぼ半減している。秋田県以下の減少率は大阪府の50・8％、東京都の31・7％であり、この府都の減少率は脱工業化、経済のサービス化・情報化の結果であり、逆に製造従業者数の減少幅が少ない滋賀県（95・4％）ではその甲斐あって、関西圏では最も高い人口増加率を示している。

製造業は日本のものづくり大国化の原動力で、高度成長期以降、長期の安定的な雇用の場を提供してきた。ところが90年代半ばの超円高を契機とする東アジアでの事業展開による産業空洞化によって、またモジュラー型オープンアーキテクチャのグローバルな展開、日本企業のデジタル化対応の遅れによって、製造業での雇用吸収力が低下し、全国で製造業の従業者数は1990年の1117万2829人から2017年には763万5444人に、この四半世紀に353万7385人、31・7％もの減少を示した。さらには2004年の派遣解禁も加わり、日本製造業の雇用は量的にも質的にも安定性を大きく低下させていったのである。この間の製造業での雇用減少は国内での主力量産工場の地方展開を終えた後で生じたのであるから、当然雇用不安は地方の主力量産工場を頂点とする産業集積地で生じ、一時は主力量産工場の自治体間の誘致競争が熾烈さを極めた時期もあったが、その主力量産工場も東アジアを中心に海外にフライトし、こうしたグローバル化の進展にデジタル化の進展、それへの対応の遅れ等も加わり、日本各地の産業集積の繁栄は大半が過去のものとなった。

日本各地の産業集積の雇用吸収力の低下はそれだけに止まらず、兼業先が主たる収入源である第２種兼業農家にとってみれば、兼業先を失い、第２種兼業農家の減少をも誘発させ、１９９０年から２０１５年の四半世紀に第２種兼業農家数は63・5％の減少をもたらし、これが規定因となって販売農家数を半減させるものとなった。表-iの両（d）で確認できるところである。

表-iの（e）２０１６年の県民所得でみたとき、東京、神奈川、埼玉、千葉の首都圏だけで全体の所得の34・8％を占めている。ことに東京都の額は突出しており、都だけで全体の17・8％を占めており、人口比を超えて資産を集中し、東北6県、九州8県、四国4県の合計でも東京の所得には少し足りないほどである。このことは（f）の財政力指数にも反映され、東京都のみ1を超えるだけの財政的余裕が示されている。首都圏のこうした「繁栄」はグローバルシティ東京がそのグローバル企業の本社機能、国際金融センターとしての機能、ならびにこれらセンター機能を支える各種サービスの分厚い集積が資産の蓄積を可能とし、ここに様々な就労の機会を生み、「進学」を通して、地方から若者が首都圏に集まり、４人に一人、５人に一人が大卒という構造がつくりだしているのである。

表-i　都道府県の七つの指標

	人口増減 1990－2018年 (a)	高齢化率 2019年 10月1日 (b)	製造従業者数変化 1990－2017年 (c)	販売農家総数の変化 1990－2015年 (d)	第2種兼業農家数の変化 1990－2015年 (d)	県民所得増減 1990－2016年 (e)	2016年県民所得 (100万円) (e)	2018年度財政力指数 (f)	最終学歴が大学・大学院卒の割合2010年 (g)
全　国	102.3%	28.4%	68.3%	44.7%	36.5%	113.0%	408,389,105	0.52143	17.3%
1 北海道	93.7%	31.9%	69.4%	43.5%	23.6%	103.0%	14,004,677	0.45826	11.3%
2 青　森	85.2%	33.3%	68.2%	45.6%	32.4%	100.9%	3,309,119	0.35843	9.1%
3 岩　手	87.6%	33.1%	69.6%	49.5%	45.3%	111.5%	3,470,116	0.36720	9.7%
4 宮　城	103.0%	28.3%	70.3%	43.6%	38.8%	124.3%	6,818,995	0.63271	14.3%
5 秋　田	80.0%	37.2%	54.2%	44.6%	37.7%	96.3%	2,577,903	0.31513	9.0%
6 山　形	86.7%	33.4%	65.1%	44.9%	39.4%	105.1%	3,070,056	0.37835	10.5%
7 福　島	88.6%	31.5%	64.8%	46.8%	42.5%	111.8%	5,712,479	0.54780	10.1%
8 茨　城	101.1%	29.5%	84.5%	44.4%	38.0%	105.2%	9,049,322	0.65705	14.5%
9 栃　木	100.6%	28.6%	79.6%	50.8%	43.9%	118.7%	6,524,144	0.65453	13.5%
10 群　馬	99.3%	29.9%	78.7%	39.4%	32.3%	112.8%	6,094,335	0.63498	13.5%
11 埼　玉	114.4%	26.7%	66.1%	44.7%	35.1%	107.4%	21,559,051	0.77056	19.4%
12 千　葉	112.6%	27.8%	67.5%	44.1%	35.2%	110.1%	18,829,478	0.77799	21.0%
13 東　京	116.6%	23.1%	31.7%	44.3%	29.6%	148.5%	72,856,269	1.15588	25.1%
14 神奈川	115.0%	25.3%	50.9%	50.4%	43.0%	113.2%	29,076,198	0.89764	24.8%
15 新　潟	90.7%	32.4%	67.7%	45.0%	38.9%	107.5%	6,459,625	0.46862	10.8%
16 富　山	93.8%	32.3%	81.4%	32.3%	26.3%	101.1%	3,496,464	0.48245	15.3%
17 石　川	98.1%	29.6%	83.2%	34.0%	25.9%	107.0%	3,347,307	0.50694	15.2%
18 福　井	93.9%	30.6%	71.8%	40.4%	34.4%	115.6%	2,470,330	0.41054	14.6%
19 山　梨	95.8%	30.8%	78.3%	50.0%	41.9%	99.3%	2,383,467	0.41072	15.6%
20 長　野	95.7%	31.9%	70.5%	44.8%	36.1%	103.2%	6,017,568	0.52107	13.9%
21 岐　阜	96.6%	30.1%	76.8%	41.9%	35.0%	98.6%	5,667,239	0.55648	14.7%
22 静　岡	99.7%	29.9%	76.8%	43.5%	37.6%	110.4%	12,168,024	0.77056	15.3%
23 愛　知	112.6%	25.1%	87.9%	41.9%	32.3%	122.8%	27,270,625	0.72512	18.7%
24 三　重	99.9%	29.8%	87.4%	41.1%	32.2%	118.1%	5,705,314	0.60011	14.3%

25 滋　賀	115.6%	26.0%	95.4%	39.7%	31.7%	121.2%	4,493,590	0.56945	18.0%
26 京　都	99.6%	29.2%	64.6%	49.3%	40.3%	101.6%	7,623,060	0.58441	20.1%
27 大　阪	100.9%	27.6%	50.8%	44.5%	36.8%	85.9%	26,993,313	0.79849	17.8%
28 兵　庫	101.5%	29.1%	71.5%	48.9%	40.0%	107.5%	15,983,414	0.64630	20.2%
29 奈　良	97.4%	31.4%	66.6%	49.4%	40.3%	90.3%	3,421,265	0.43539	22.3%
30 和歌山	87.0%	33.1%	70.4%	59.2%	47.5%	113.3%	2,813,369	0.33308	13.0%
31 鳥　取	91.0%	32.0%	58.6%	50.4%	46.5%	90.0%	1,370,810	0.28765	13.0%
32 島　根	87.1%	34.3%	60.6%	42.0%	36.9%	104.4%	1,806,666	0.26445	11.8%
33 岡　山	98.6%	30.3%	70.0%	44.4%	34.8%	98.4%	5,231,583	0.53168	16.1%
34 広　島	98.8%	29.4%	77.4%	41.4%	31.8%	107.2%	8,705,833	0.61230	18.1%
35 山　口	87.1%	34.3%	70.9%	39.2%	30.0%	106.4%	4,250,354	0.45872	13.5%
36 徳　島	88.5%	33.7%	65.2%	49.6%	40.1%	108.9%	2,230,185	0.32750	14.3%
37 香　川	94.0%	31.9%	72.9%	46.7%	38.0%	111.7%	2,863,326	0.49380	16.5%
38 愛　媛	89.2%	33.0%	60.6%	44.4%	33.9%	107.2%	3,651,939	0.44841	14.8%
39 高　知	85.6%	35.2%	65.5%	48.4%	35.5%	106.0%	1,850,915	0.27328	11.0%
40 福　岡	106.2%	27.9%	74.7%	42.2%	31.4%	117.3%	14,291,693	0.65569	16.3%
41 佐　賀	93.3%	30.2%	85.5%	36.5%	29.4%	107.2%	2,078,629	0.35140	12.3%
42 長　崎	85.8%	32.6%	70.7%	49.4%	42.8%	110.1%	3,443,316	0.34451	11.0%
43 熊　本	95.5%	31.1%	78.9%	50.8%	45.9%	108.8%	4,465,933	0.42738	12.4%
44 大　分	92.4%	32.9%	83.8%	43.6%	35.3%	102.8%	3,020,718	0.39622	12.7%
45 宮　崎	92.4%	32.2%	72.9%	47.2%	32.4%	109.2%	2,638,189	0.35603	10.4%
46 鹿児島	89.8%	32.0%	73.7%	41.8%	31.5%	106.4%	3,951,529	0.35487	10.6%
47 沖　縄	118.5%	22.2%	103.2%	48.5%	35.5%	141.4%	3,271,371	0.36636	12.7%

(a)総務省統計局「人口推計」より作成
(b)総務省統計局「人口推計」2019年より作成
(c)経済産業省「工業統計調査結果報告」より作成
(d)農林水産省「農林業センサス」より作成
(e)内閣府「県民経済計算」より作成
(f)総務省「都道府県財政指数表」より作成
(g)総務省「社会生活統計指標 Social Indicators by Prefecture －都道府県の指標－ 2020」より作成

こうしたプル要因は政策的にも促進された。小泉政権下で実施された規制緩和である。２００２年に「都市再生特別措置法」と「首都圏整備法及び近畿圏整備法の一部を改正する法律案（工業等制限法の廃止法）」が成立し、前者によって都市にタワーマンションが林立し、東京の再開発にも大きな弾みがついた。また工業等制限法は東京の一極集中を防ぐために工場、大学等の設置に制限を加えた規制で、その撤廃により、大学の都心回帰が進められ、地方高校の卒業生の東京進学が促されることになった。２０１７年度23区内に学ぶ大学生は46万人と10年間で18％の増加がみられた（日本経済新聞２０１７年９月29日）[1]。もちろんプル要因だけで人口の首都圏集中が実現されたわけではなく、叙上の地方の産業集積の衰退が、地方での就労の機会を減じ、首都圏での就労機会を選ばざるをえない状況をつくり出しているのである。

本書は現下の地域経済・社会を、その現状を生み出した歴史的経緯を踏まえ、地域を産業、意識構造、インフラ、スポーツ、総じて生活の視点から詳らかにしている。第１章「グローバル資本主義の進展と地域経済の疲弊」（宮嵜晃臣）ではこの「まえがき」に記している地域経済・社会の困難な現状を長野県の具体的事例から明らかにしている。第２章「雇用における地域格差と地域経済」（長尾謙吉）では地域格差を「さまざまな仕事がある」ことと関係づけ、産業と職業からみた地域間分業を考察し、地方の生産性の低さが問題視されやすいが、生産性は低いもののアイデアと手間をかける労働集約的活動に注目すべきと内外の研究を踏まえ展望している。第３章「東北地方中山間地における貧困と住民の意識―地域生活の困難と社会サービスの関係に注目して」（小池隆生）では岩手県の西和賀町（生活保護率3・52パーミルで県内最低）と岩泉町（23・85パーミルで最高）での調査に基づき、生活保護に対する住民の寛容度合いが地域において異なり、とくに旧沢内村（２００５年より合併して西和賀町）においてそれが相対的に高いこと、そしてその根拠が「生命尊重行政」として独自の福祉政策を実践してきた旧沢内村の社会関係資本の厚みにあり、生命を保障することと暮らしを保障することが切り離されてはならいことを明らかにしている。さて地域に交通インフラは不可欠で、ことに鉄道が敷設されると都市部へのアクセスの確保から、利便性の向上、新住民の転入、さらに駅前から地域開発と沿線地域の開発は一気にかつ継続的に進められる。第4章「地域社会と鉄道―小田急線と川崎市麻生区の開発」（永江雅和）では、この鉄道敷設と地域開発の関係を小田急電鉄と川崎市麻生区を事例に詳らかにしている。そもそも麻生区の誕生自体が小田急沿線の開発と深く関わっていて、小田急創業時、百合ヶ丘駅建設と高度成長期、多摩ニュータウン建設と多摩線開業以降の３つの時期区分に沿って、各時期の特徴を抽出している。そのインフラの老朽化に地域がどう立ち向かうかを明らかにしているのが第5章「地域経済と財政―老朽化が進むインフラにどう立ち向かうか」（徐　一睿）である。まずインフラの老朽化の現状を踏まえ、公共投資の歴史を明らかにした上で、安倍政権下の国土強靭化法の特徴が民間資金を導入して、インフラの老朽化に伴う維持管理・更新費を捻出する点にあり、このＰＰＰ／ＰＦＩのスキームと日本での適応事例を詳らかにし、老朽インフラの問題は「いかに人々の安心・安全な暮らしをサポートするか」にかかっており、行政だけでなく、地域住民も含めて真剣に考える時代になっていると主張している。最後に柔らかい文体でスポーツの視点から地域を捉え返しているのが第6章「地域おけるスポーツの役割とその動向」（飯田義明）である。第1節で日本におけるスポーツ政策の歴史を地域視点から概観し、第2節でオリンピックの開催形態・方法の変遷をたどり、その地域への影響を明らかにし、第3節で地域とスポーツの関係に二つのアプローチから迫っている。一つはプロスポーツスタジアムを利用したスマート・ベニューという方法論を用いた事例に着目し、こうしたスキームの地域の再編成機能と、もう一つのアプローチは地域におけるスポーツ実践の事例に着目し、スポーツの地域への影響をソーシャル・キャピタル論を踏まえて検証している。

少子・高齢化が進み、非正規雇用の拡大から格差も広がり、分断社会とも呼ばれるようになって久しい。その中でコロナ禍が感染収束の見通しも立てられないまま拡大している現状で、地域の活性化は喫緊の課題である。本書は地域経済・社会の現状をその歴史的経緯を踏まえて明らかにすることに主眼を置いていたので、この地域の活性化の事例分析は多くない[2]。この研究の重要性を考えると、私たちにとっても次の課題として取り組んでいきたい。公開講座から刊行まで2年以上も費やしてしまった。ひとえに編者の力量不足によるもので、この間粘り強く見守っていただいた専修大学出版局の相川美紀氏に末筆ながら感謝の意を記しておきたい。

注

（1）その年度の2月6日、政府は若者の東京集中を避けるため、23区の大学定員増加を抑える法案を閣議決定し、文部科学省は２０２８年度まで定員増を認めない方針を明示した。

（2）各地域での活性化事例については、本書では第6章で長野オリンピックの無形レガシーとして「エムウェーブ友の会」、また長岡市スマート・ベニューが挙げられている。また第1章との関係でいえば、製造業の衰退はその地域の農業をも巻き込んでいるので、地域の活性化は農業の再生を不可欠の要件とする。また日本の農業では専業で行われる地域は限られており、兼業先が必要となる。そこで農業を起点とする六次産業化が有望で、その試みは多くの地域で実現され、編者もぶどう栽培・ワイン醸造・ワイン販売の事例をいくつかみてきた。第1章の参考文献、巻末の奥付に、その拙稿のＵＲＬを記しておいた。編者だけでなく、共著者全員が章末と奥付に関連文献をあげているので、本書と併せてご検討いただければ幸いである。

坂本［２０１８］、坂本 誠「地方創生政策が浮き彫りにした国―地方関係の現状と課題―「地方版総合戦略」の策定に関する市町村悉皆アンケート調査の結果をふまえて―」、自治総研通巻４７４号　２０１８年４月号。

目　次

第5章 地域経済と財政 ——老朽化が進むインフラにどう立ち向かうか

徐 一睿

第6章　地域におけるスポーツの役割とその動向　飯田義明

第1章　グローバル資本主義の進展と地域経済の疲弊

宮嵜　晃臣

はじめに

１９８９年末マルタ会談で米ソ冷戦終結が宣揚され、核戦争下の代替通信網として米国防省で構築されたDARPAnetが90年には商業開放され、ＩＴが普及し、またデジタル化がシステムＬＳＩ、ＳｏＣ（System on a Chip）の発展と相乗的に進展し、モジュラー型オープンアーキテクチャがグローバルに展開され、92年鄧小平の「南巡講話」後グローバル資本主義の重要なプレーヤーとなった中国をはじめ東アジア諸国の工業化が格段と進むこととなった。

日本では１人当たりＧＤＰが１９８９年の世界４位から２０１８年には26位に後退した。この後退は円ドル相場に左右されるとはいえ、基本的にはグローバル資本主義の進展の影響を受けたもので、90年代半ばの円高下で日系企業が東アジアでこれまでにない事業活動を展開した結果国内産業が空洞化し、またデジタル化、モジュラー型オープンアーキテクチャの進展によって日本企業の競争力が大きく剥ぎ取られた結果でもある。そしてこれらの影響は日本国内で均等に発露しているわけではない。首都圏への人口集中と日本各地域での人口減少とが同時に進行しているのも、東京がグローバルシティとして、本社機能、国際金融業務それに付随するソリューションビジネス、会計・法務事業さらにはそれらの縁辺で各種のサービス事業が派生し、その内部で格差拡大をともないつつ雇用吸収力が拡大しているのに対して、「全総」(後述)の下各地域に展開された主力量産拠点から東アジア地域に次々に生産拠点が移され、この主力量産拠点を頂点とする各地域の産業集積が急速に縮小したことに大きく規定されている。

この章ではグローバル資本主義の進展が何故日本の地域経済に厳しい影響を及ぼしているのか、この点を影響の内容とともに明らかにしていきたい(1)。

I　資本主義の発展と地域の編成

その前に資本主義経済にとって地域とは何か、簡単に触れておきたい。地域を自身の暮らしに即して考えると、まずは実際に生活をおくっている場であり、現に働く場であったり、消費する場であったり、各分離していながらもこれらを通して、様々な人々と関係を結びながら生活を営む場である。人が様々な人間関係を結びながら種々の行為を通して生活を営む場が地域であり、こうした点で地域は社会形態の如何を問わず、歴史を超えた存在といえよう。

I－1　資本主義経済の下での都市と農村の格差、地域間格差

とはいえ、私たちが現に暮らしているのは資本主義経済の下であり、まず資本主義の下で地域がどのように編成されてきたのか、簡単にふり返っておきたい。資本主義経済の確立をもたらした産業基盤は工業であり、その工業は農村工業から都市工業に推移することで画期的に発展した。18世紀イギリスで綿工業を軸に展開された産業革命である。それ以前にさかのぼると、中世ヨーロッパのイギリスは周辺国で荒蕪地が多く、封建領主制が緩く優良地も放牧に利用され、長毛の羊の飼育が進み、落流を利用したフリング・ミル（縮絨水車場）という技術革新もあって、薄手の毛織物の産地となり、それまでの毛織物産業の枢軸フランドル地方を凌駕して毛織物を北部アフリカ、新大陸アメリカに輸出し、まずは毛織物工業において覇権を成立させた[2]。この過程で牧場を広げるために囲い込み運動が起き、大量の無産者が創出され、後の機械制大工業への労働力供給を準備する本源的蓄積の一方の因子を形成するものとなる。原料の長毛羊を確保し、落流を利用する点で農村で羊毛工業が盛んに営まれたが、その後の綿工業の発展は産業革命によって鉄製の紡績機、織機を用いて、18世紀末には蒸気を動力にすることで羊毛工業や水力紡績機の時代の自然の制約を相対化することができた。自然を内部化しなければならない農業と比較して工業の特徴は自然を外部化できる点にある。外部化できるのは水の落流、風力に代わって蒸気、電気を動力に用い、原材料をどこからでも調達でき、製品をどこへでも仕向けることができる輸送力、教育を通した次世代の労働力の再生産を含めて、労働力の

再生産が可能な機能が都市に備わっていることにその諸要因がある。こうしたことが整ってランカシャーのマンチェスターといった都市に紡績工場、織布工場が立地し、海外から運ばれた棉を原料に綿製品を大量生産し、それを国内外に販売し、莫大な蓄積を実現し、こうして機械制大工業が発展し、そこにさらに人口が集中し、大都市が発展する一方、地方は都市へ農産物、労働力を供給する農村と位置づけられ、農工分業が成立すると同時に都市と地方の農村間に種々の地域間格差が生じ、拡大することとなる。

I－2　戦後日本での地域間格差是正の試み

綿工業から鉄鋼業に基軸産業が推移する中で都市と農村の格差、地域間格差は広がり、この格差は所得格差として顕在化し、農村がさらに都市へ若年労働力を供給するものとなった。しかし生存権、国民主権、基本的人権を核とする福祉国家がその形を整えるようになると、それは座視できないものとなり、戦後の日本でもこの地域間格差是正が一つの政策課題として掲げられた。都市と農村の格差は農工間格差として意識され、その是正は農村等の後進地域への産業立地とそのための各種社会資本整備が各地域で展開されるものとなった。１９６０年の所得倍増計画が４大工業地域を連ねる「太平洋ベルト地域構想」として展開されることへの批判を意識し、「全国総合開発計画」（以下全総と略す）が１９６２年に閣議決定され、この全総は４次にわたって発動された。

全総（1962年）では「国土の均等ある発展」を目標として、新産業都市法（1962年）によって15地域、のちに工業整備特別地域法（1964年）によって、開発拠点が6地域に設置された。新全総（1969年）では「大規模プロジェクト構想」によって新幹線、高速道路網の整備が計画され、また農村地域工業導入促進法（1971年）、工業再配置促進法（1972年）が制定された。三全総（1977年）では「定住構想」、地方振興、過疎過密解消を課題に、テクノポリス法（1983年）が制定され、その対象地域が最終的には26に拡げられた。四全総（1987年）では「多極分散型国土の形成」を課題に、多極分散法（1988年）、地域産業集積活性化法（1997年）が制定された[3]。

こうした全総の展開は形式的には地域間格差の等閑視は生存権、基本的人権に反することにつながるとの判断によるものでありながら、しかし現実的には新産業都市法制定後に工業整備特別地域として6地域が追加されたこと、そしてテクノポリス法では対象地域が最終的には26にも拡大されたことに示されているように、政権与党によって各地に利益誘導が図られたことがその内実をなしていたと考えられる。

また全総を通じて殊に加工組立型製造企業が誘致され、大規模工場が各地に立地された理由は、この立地によって大規模な雇用が長期に安定できると期待される点にあった。先に地域は生活の場としては歴史を超えた存在と記した。しかし資本主義経済の下での生活は商品世界に被われおり、生活に必要な財・サービスはお金を支払わねば受け取ることはできず、そのお金は何かを販売しなければ入手できず、多くの人々にとって販売できるものは労働力に限られているのが実情で、労働力が長期にわたって安定的に販売できることが生活の安定に極めて深く結びついている。それができなければ、その場を離れて、安定的な就労の場を求めて移動せざるをえない。つまり安定的な雇用の機会が私たちの暮らしの中では必須条件となっていて、そのような機会をもっとも提供してきたのが製造業であった。また主力級の量産工場が誘致できれば、その工場だけでも千人単位の雇用が確保され、そこを頂点に産業集積が形成されれば、裾野での仕事、雇用の確保も可能となる。

I－3　産業集積の形成

一例として長野県北信の富士通系集積の雇用数をあげておきたい。表1－1は長野県北信（ただし新井市、十日町、津南町は新潟県）の富士通直系ならびに同協力企業群の1990年時点の従業者数を示したものである。1万3976名もの雇用をこの企業系で占めていたのであるから、当時では企業誘致の効果は疑いようのないものと信じられていた。富士通の長野進出はすでに1941年12月に当時上高井郡須坂町にあった片倉製糸紡績株式会社田中製糸所を買収し、片倉から移籍した従業員に作業実習教育を施し、川崎工場から束線、電話機、コンデンサ、ヒートコイル等の組み立て作業を逐次移管していたので、歴史は古く、また1966年に長野市に富士通では初めての電子計算機専用工場として長野工場を開設した。その稼働が始まった

表1－1　北信富士通系従業者数（1990年）

	富士通長野工場	富士通須坂工場	信越富士通	しなの富士通	新光電気	柏原製作所	長野双立電機	溝口製作所	神林製作所	鈴木	山田製作所	広田製作所	三立三立電機	飯山精密	マツダ電子	藤井製作所	計
長野市	3,680				2,366		165			50			389		90		6,740
須坂市		1,950							544	355		150		50		71	3,120
中野市					1,000									70			1,070
飯山市				510										40			550
小布施町													35				35
戸倉町											820						820
高山村														23			23
鬼無里村				35													35
栄村				80													80
牟礼村								100	59								159
信濃町			320			100											420
戸隠村						65							29		20		114
津南町				150													150
新井市					500												500
十日町															160		160
計	3,680	1,950	320	775	3,866	165	165	100	603	405	820	150	453	183	270	71	13,976

資料：信州地理研究会［1993］55頁より作成

翌67年の富士通直系ならびに同協力企業群の従業者数は4901名だったので、この23年間で2・85倍に増大したことになる。叙上の全総と同様に県過疎対策誘致条例の適用を受け、郡部にも分工場、作業所を設立し、この富士通系産業集積は県も跨いで広範囲に拡大していった。このような産業集積の形成は北信以外の地域でもみられたが[4]、全総での高速道路網の建設、農村地域への工業導入策等、これを受けて各県で展開された工場誘致条例が追い風となって、また4大工業圏での賃金、地価上昇等によっても、大企業の量産工場の地方展開が進み、それを頂点とする産業集積が各地に形成されていった。

またこの間に日本企業はME技術革新を世界に先駆けて成功裡に実現し、マイコンの製品への組込みによって製品のダウンサイジング、高機能化、低価格化を実現し、輸出大国の道のりを歩む。それは各地で産業集積が形成発展するプロセスで、NC工作機械が各地域に普及する、つまりメカトロニクス化の地方展開としても実現されていったのである[5]。

表1－1に戻って、北信富士通系従業者を市郡別にみると前者が1万1980人で、後者が1996人となるが、当時の長野市内でみると、そのなかには七二会、芋井等の山間部が含まれ、他市についてはさらに同様のことが言える。郡部、山間部に工場を展開した理由は市街、市周辺では労働力が確保できなかったからであり、北信富士通系従業者が1967年の4901名から90年に1万3976名に増えたのは市内、市周辺、山間部の農家から労働力の供給を受けたからである。それは専業農家から第2種兼業農家（兼業先が主所得源となる農家）、

さらに第1種兼業農家から第2種兼業農家への移行という農家形態の変化を伴うものであった。

Ⅱ　グローバル資本主義の進展と日本電機産業の凋落

上記のように日本はME技術革新を世界に先駆けて成功裡に実現し経済大国化した。90年の製造品出荷額等でみても電機産業は輸送機産業の46・9兆円を上回る54・7兆円を記録し、業種別雇用の面でも電機産業は91年に198・3万人で、一般機械産業の123・4万人、輸送機産業の98・4万人を大きく上回っていた。ところが2016年になると99・4万人に半減することとなる(図1－1)。長野県のように電機産業に大きく依存していた地域は基盤産業の縮小に直面することとなる。日本電機産業の凋落の原因は以下項題の2点に集約できる。

Ⅱ－1　産業の空洞化

産業の空洞化は国内企業の海外事業活動によってもたらされる。しかし、海外生産移管が常に産業空洞化に直結するわけではない。海外に移管されたラインを新たに高付加価値品の生産によって穴埋めできれば、高次化が実現される。また生産移管した海外現地法人に資本財、中間財が輸出できれば、輸出誘発効果が生まれ空洞化への安全弁となる。空洞化はこれら2つの条件が失われた時に生じる。海外事業活動の最たる契機は円高で、1ドル＝80円を超える

図１－１　機械系３業種従業者数の推移1985－2016年（千人）

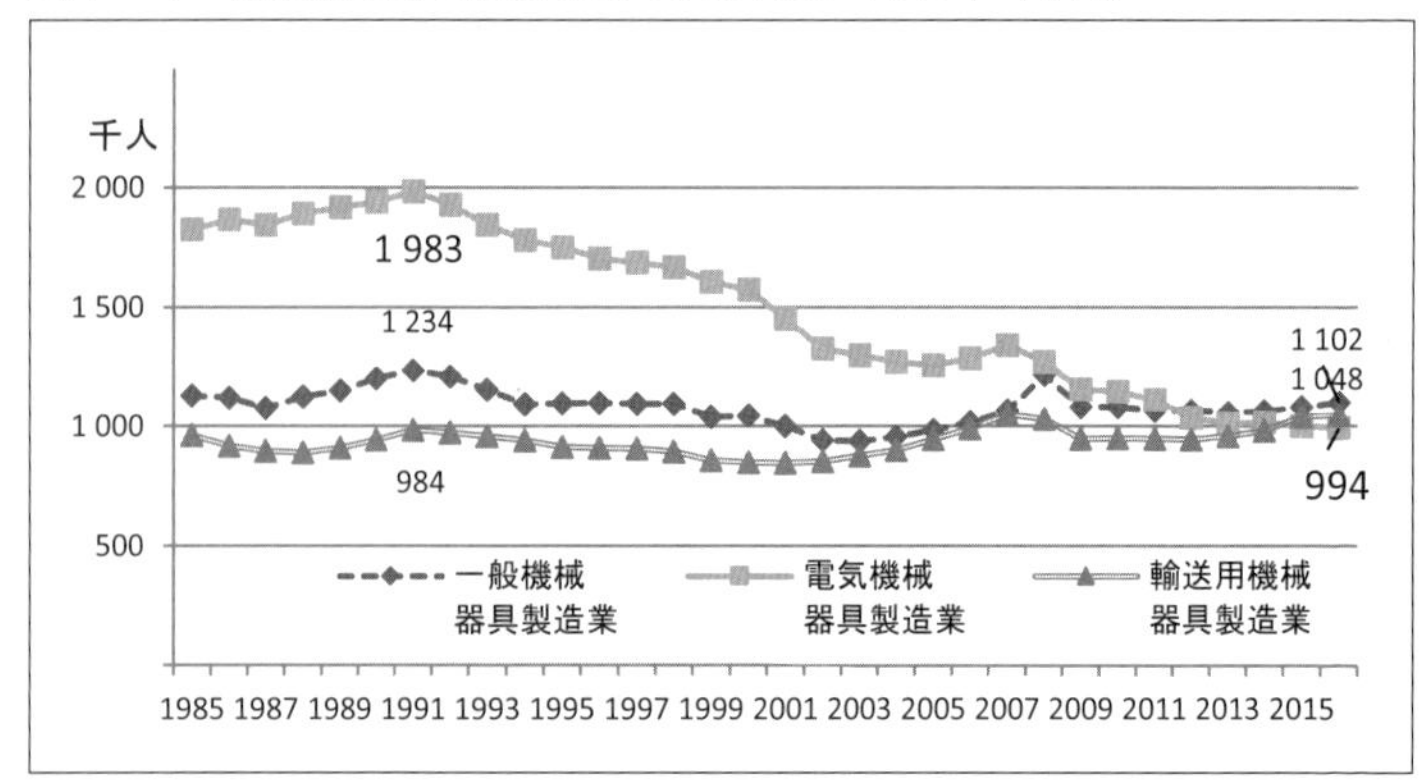

資料：経済産業省『工業統計表』各年版より作成

1993－95年の超円高を契機に空洞化をもたらす諸要因を日本企業はその海外事業活動によってつくりだしてしまった。93－95年の円高を契機に日系企業の東アジアでの事業展開は①主力量産品のみならず高付加価値品の生産移管、②製品の逆輸入、③部品の海外現地・周辺調達、④設計・開発の現地化の本格的始動という四つの特徴を示し、①は国内からの輸出を海外移管先からの輸出に代替させ、その分国内の生産・雇用を縮減させる輸出代替効果をもたらす。②に日系企業が踏み切れば、その製品種の国内生産は諦めざるをえず、国内生産の不可逆的縮小をもたらす逆輸入効果を生む。他方で③は海外現地法人の調達部品が国内から現地・周辺に置き換えられることによって、国内での部品生産の縮小をもたらす。海外直接投資が国内からの海外現地法人向け部品輸出を誘発する効果は産業空洞化の一つの安全弁になっていたが、この安全弁もここで大きく毀損することになる。④は部品の現地・周辺調達が拡大するごとに設計を国内部品から現調部品に置き換える改良設計の機会が増え、それは改良設計にとどまらず基本設計能力の構築への方向性を含みながら、設計開発部と製造部の海外現地での協調をつくり出すことによって、海外現法の質量的強化を結果としてもたらす。おおよそ上記４点の特徴を内包した93－95年の円高を契機とする日系エレクトロニクス企業の東アジアでの事業展開は日本国内の各地の主力量産拠点の生産を縮減させ、その拠点を頂点とする各地の産業集積の中堅・中小企業の受注量を減じ、電機産業に特化した地域経済に大きな雇用不安をもたらすことになった(6)。

Ⅱ－２　デジタル化、モジュラー型オープンアーキテクチャの進展

図１－２のように民生用電子機器の生産は90年代に漸次減少し、91年の４兆４４９６億円から01年には１兆８８４９億円に半減している。日本エレクトロニクス企業の東アジアでの事業展開の国内への影響である。「生産動態統計」からオーディオ、録画再生機の項目がなくなるほど空洞化が進んだ。民生用電子機器（現在ではテレビ、デジカメ等）はその後２００７年に２兆９６１９億円まで回復傾向を見せている。しかしその後また落ち込み、直近の２０１８年には６０８億円にまで減少している。さらに顕著な落ち込みを見せているのは産業用電子機器（コンピュータ、携帯電話が典型）で97年にピークに達した生産額12兆７９４０億円は２０１８年には３兆３９８４億円とピークの４分の１の規模に縮小する。80年代後半からの民生用電子

図１－２　日本電子工業の生産推移

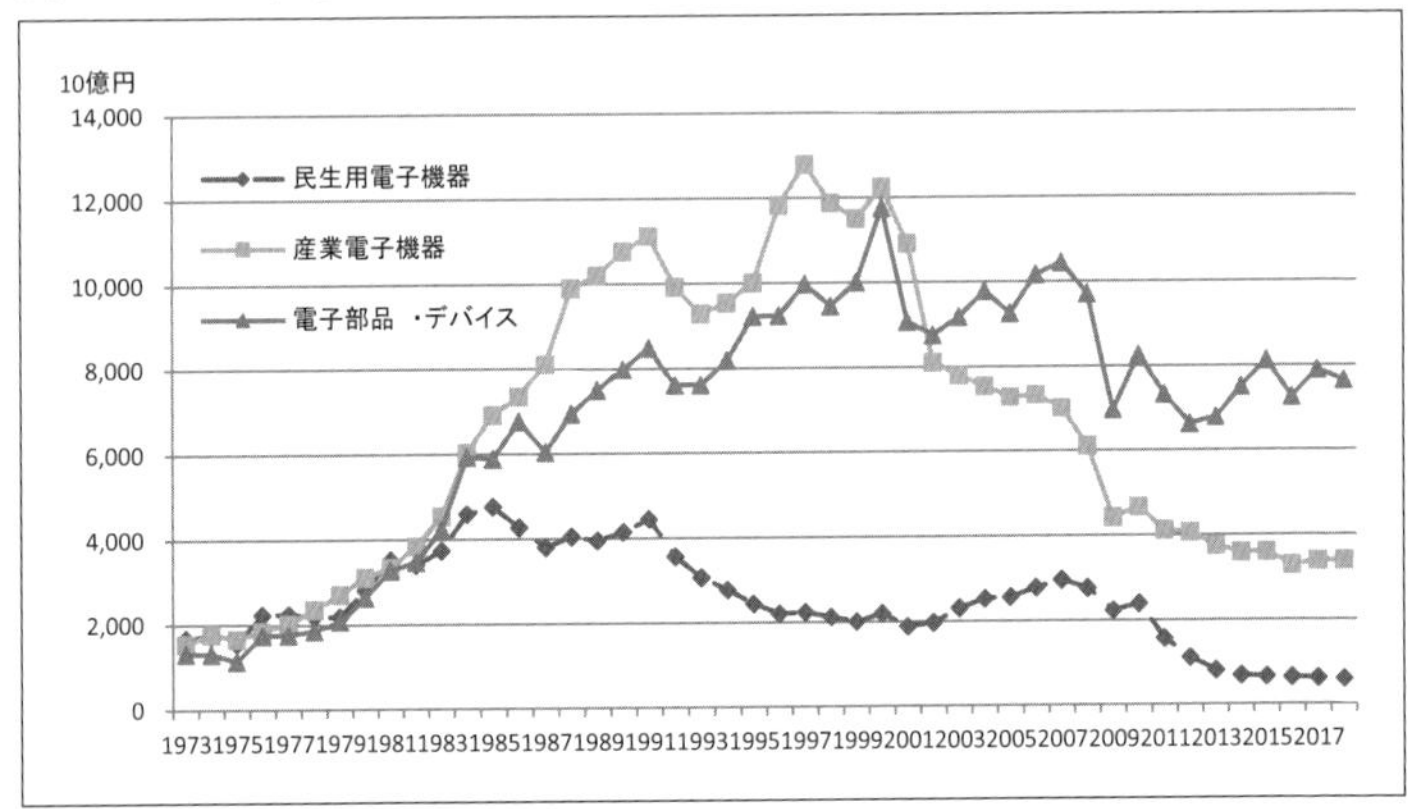

資料：経産省、生産動態統計より作成

機器が海外生産移管によって生産が落ち込むなか、それを補い、電子工業のさらなる高度化がこの産業用電子機器製造に期待され、この期待は97年までは実現されながらも、その後は叙上のように大きく後退していく。この後退原因はデスクトップパソコンの生産に典型的にみられるモジュラー型オープンアーキテクチャのグローバルな普及にある。キーボード・マウス・モニター等の出入力装置、マザーボード、ＣＰＵ、メモリー、ビデオカード、電源ユニット、ＯＳ、アプリケーション等インターフェース（各モジュール間の接続、通信信号の規格）が整えられているモジュールを購入して、自宅でデスクトップパソコンが組み立てられるようになって久しい。また自宅でというわけにはいかないが、スマートフォンもＯＳアンドロイドがフリーソフトとして出現したこと、クアルコム、メディアテックがＣＰＵをレファレンスビジネスで外販したことで、各モジュールの組立方式での製造が可能となった。

まずパソコンから。長期にみるため生産動態統計の電子計算機の項目でみておきたい。1973年の生産額は2149億円で、ピークの97年には3兆6175億円にまで成長するが、その後漸次減少し、2011年には輸入額（1兆0198億円）が生産額（7178億円）を大きく上回る事態となり、国内生産額は直近の2018年には7147億円、ピークの2割を下回る規模に縮小する。1981年に開発期間1年間という限られた制約の下でこのアーキテクチャを編み出したIBMは、このアーキテクチャの中国での拡大普及によってPC部門を維持することができず、2006年にはこの部門を聯想（レノボ）に売却することになった。日本の雄NECも2016年に、続けて富士通も2018年にはPC事業をレノボに売却した。

テレビは図1－3のようにジェットコースターのような推移をたどった。日系エレクトロニクス企業は1990年代、大型テレビ、ワイドテレビのみならず、各ブラウン管、さらに電子銃までも東アジアの現地法人に生産を移管した[7]。1991年から2001年までの生産の減少はこうした東アジアへの生産移管の結果である。図1－4にみられるようにテレビの生産台数はすでに1987年に内外逆転が生じていたが、2001年の国内生産規模は海外生産のわずか4・8％にまで縮小する。

ところが2002年から国内生産は反転し、2010年には生産金額で2001年の4・4倍の1兆1362億円を記録し、かつてのブラウン管テレビ時の水準をも凌駕するまでの発展

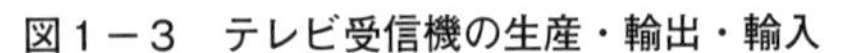

図1－3　テレビ受信機の生産・輸出・輸入

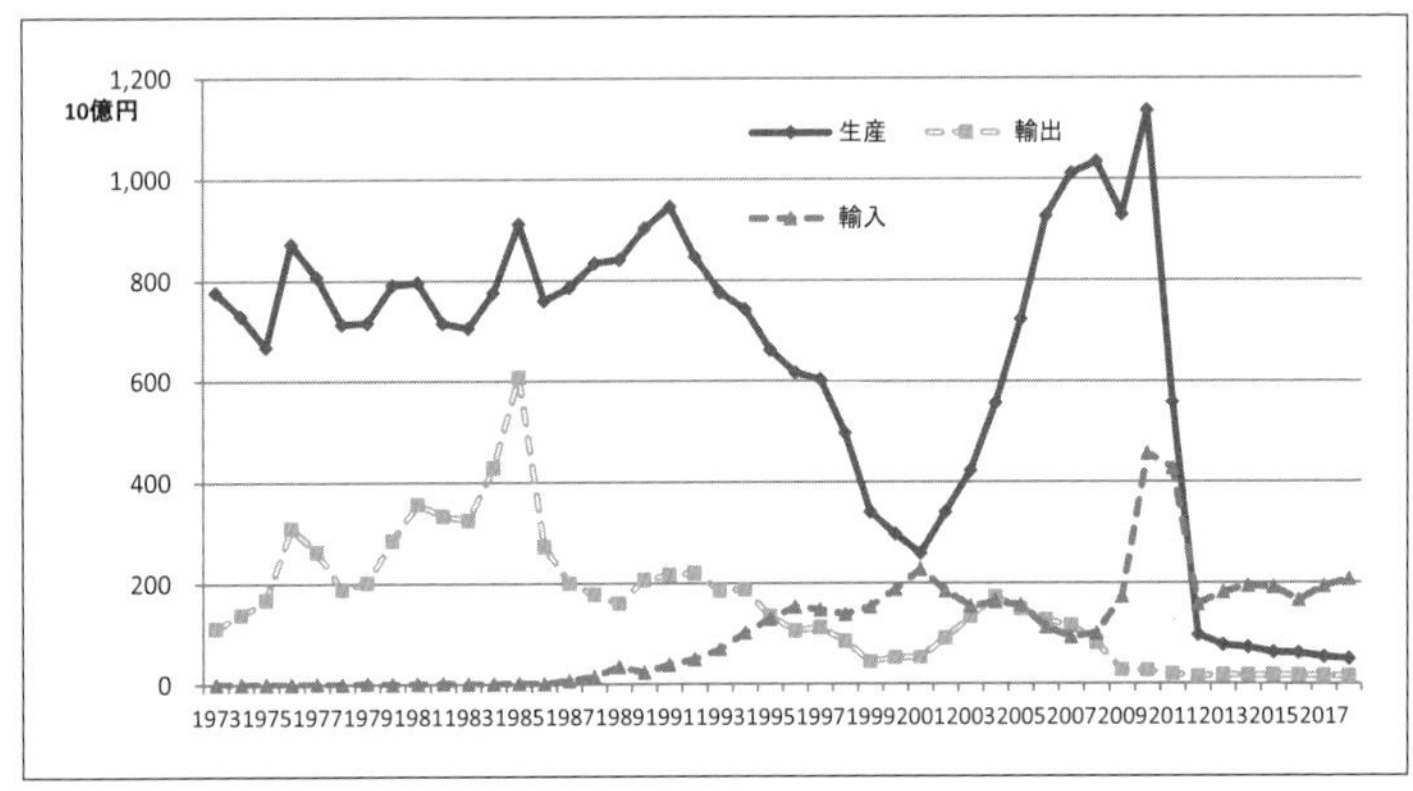

資料：経産省生産動態、財務省貿易統計より作成

図1－4　日系企業のテレビ国内外生産数量の推移

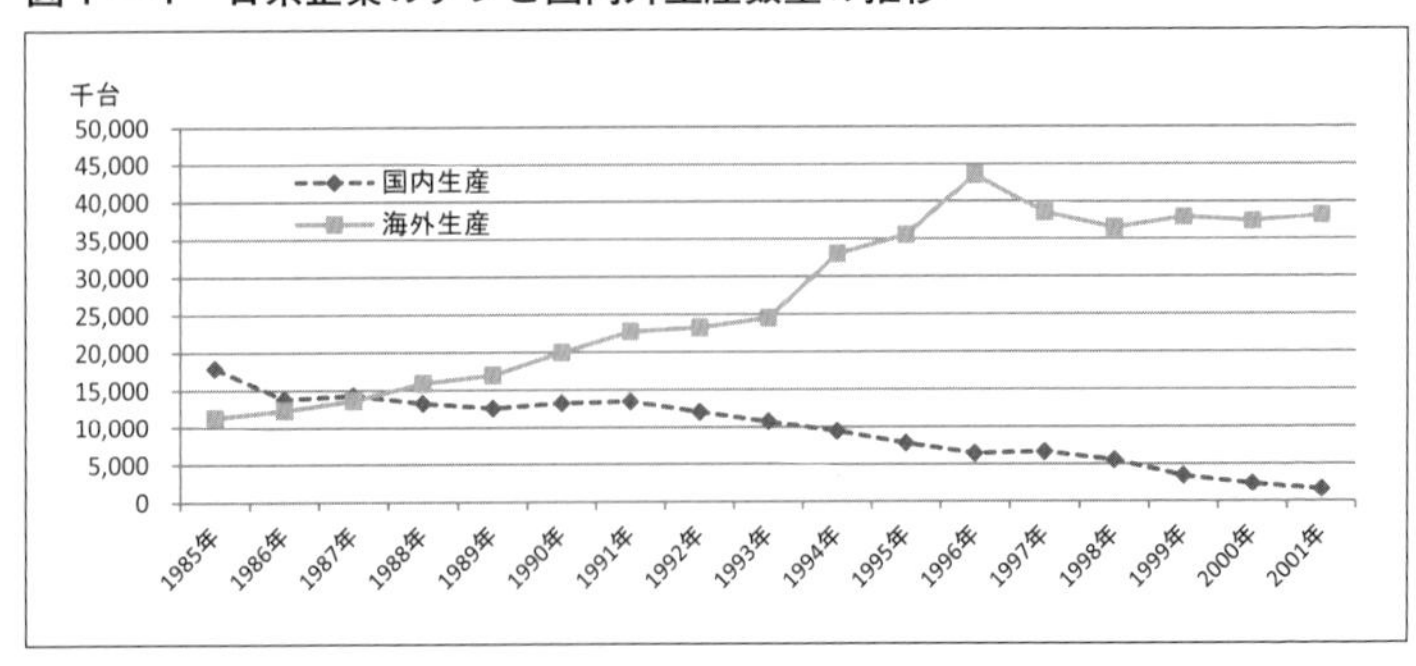

資料：『電子工業年鑑』各年版より作成

を短期間に実現した。2001年以降のこの反転は90年代の日本液晶テレビ開発企業群のイノベーションの成果が現れたものだったと考えられる。

西澤［2014］からこの点を整理したい。まず、液晶テレビ生産最初の「TFTアレイ工程」（プラズマCVD装置でアモルファスシリコン薄膜を作り、スパッタリング装置で画素電極などを形成し、ステッパなど露光装置を使ってガラス基板上に回路を焼き付けて転写し、不要な金属薄膜を削る）には「半導体製造のノウハウが応用」（7頁）され、総合電機メーカーである各企業ではこの工程の歩留まりを引き上げることが可能になった。また、シャープが第2世代のラインにプラズマCVD装置の低生産性をカバーする「牧葉プロセス」を採用し（10－11頁）、これがその後の「業界標準」となったという。

また、液晶表示の視野角拡大化も90年代に試みられ、フラウンホーファ研究所のIPS（In-Plane-Switching）を94年に日立製作所が採用し、96年にはIPS液晶を商品化し、「左右80～90度だった視野角を140度程度にまで広げることが」（11頁）できた。TN液晶の限界をこのように克服する試みは富士通でも見られ、VA方式が編み出された。

またこの間液晶テレビ用のマザーガラスは2000年の第4世代（730×920㎜）から2002年に第5世代（1100×1250㎜）、2004年に第6世代（1500×1800㎜）、2005年に第7世代（1800×2100㎜）、2006年に第8世代（2200×2600㎜）、第9世代（2400×2800㎜）、2010年には第10世代（2850×3050

㎜）が稼働し、ガラス面積にして13倍、２００２年に20型を超え、以降大型化がハイペースで進んでいった。

半導体製造も手掛けていた総合電機メーカー故の垂直統合による技術改良が、総合電機メーカー同士の熾烈な開発競争と並行して積み重ねられ、叙上の急成長を実現させた。しかし図１－３が示しているようにこの成長以上に激しい急降下が待ち構えていたのである。その兆候はすでに２００９年に報じられていた。２００９年に日本総合電機メーカーの5社東芝、ソニー、日立、三菱電機、日本ビクターがテレビのＥＭＳへの生産委託の方針を打ち出し（日本経済新聞　２００９年11月16日）、かつての独壇場のテレビの生産の縮小が表明された。さらに２０１２年になると、自社生産を続けてきたシャープ、パナソニックが史上最悪の赤字を計上することとなった。同年3月期の連結最終損益はシャープが３９００億円前後の赤字（日本経済新聞２０１２年4月10日）、パナソニックが７７２１億円の赤字となり、シャープは２０００人の希望・早期退職者を募集したところ、２９６０名が応募した。パナソニックも本社従業員７０００人を半減することが報じられた（日本経済新聞　２０１２年5月29日）。90年代の総合電機メーカー故に発揮された垂直統合による技術改良の積み重ねで実現された日本液晶テレビの栄華は10年も続かなかったのである。その最大の要因はデジタル化の進展に伴うモジュラー型オープンアーキテクチャの液晶テレビ分野への浸透とそのグローバルな普及である。小川［２０１４］によると、「液晶テレビは、主に電源システム、液晶パネル、パネルドライバーおよび画像エンジンで構成され、・・・パネルに画像を表示する機能が液晶パネルドライバーのＬＳＩチップである。また画質や色合いは画像エンジンのＬＳＩチップが担う。・・・ＬＳＩチップ中の組み込みソフトに蓄積された画質ノウハウも、ソフトウェアであればいかようにでも進化させることができる。匠の技をソフトウェアで表現するＬＳＩチップを調達できれば、たとえ画質ノウハウのない新興国の企業であっても、普通の人なら満足できる画質のテレビを量産できる」（小川［２０１４］、49－50頁）ようになった。

画像エンジン用ＳｏＣの向上によって、また液晶パネル自体もその性能が導入される機械装置によって決定づけられることによって、さらに両者のインターフェースもアナログＲＧＢからＬＶＤＳが普及し、ＳｏＣ専業メーカーから提供されるレファレンスデザインによっても支えられ、中国においても液晶テレビにモジュラー型オープンアーキテクチャが適用され、中国の液晶テレビ生産は「平板電視年（薄型テレビの年）」２００５年の４５２万台から２０１０年には９２００万台に20倍に急増し、２０１７年には1億７２３３万台にさらに倍増した。

テレビ産業においてもデジタル化、モジュラー型オープンアーキテクチャがグローバルに展開される中、その影響を国内でどのように受けたのであろうか。前掲図1－3で２０１１年、２０１２年のテレビ生産の落ち込みには驚愕する。２０１１年7月23日をもってアナログ放送が終了したので、本来この時期はテレビの買替需要から生産が伸びてしかるべきであった。この買替需要を満たしたのが輸入であったことが図1－3によって示されている。買替需要に国内生産で応えられなかったのは、叙上のように２００９年の段階で東芝、ソニー、日立、三菱電機、日本ビクターがテレビのＥＭＳへの生産委託の方針を打ち出していたからであり、買替需要の多くが輸入で賄われた[8]。その輸入の中身も中国からの輸入が7割前後を占めて（財務省貿易統計）おり、この間の中国のテレビ産業の急成長ぶりがうかがえる。

その後パナソニックは２０１３年度末をもって尼崎工場でのプラズマパネル用のパネル生産の停止、２０１６年９月をもって姫路工場でのテレビ用液晶パネルの生産停止、またシャープも２０１８年末に矢板市の栃木工場での液晶テレビの生産停止を決定した。黎明期に示された日本フラットパネル型テレビ産業の国際的競争力は束の間の夢となってしまったのである。

Ⅲ　グローバル資本主義の進展が地域経済に及ぼす影響―長野県各地域を事例に―

Ⅲ－1　直接的影響

そもそもエレクトロニクス産業は１９９１年に１９８万人の従業者を数える日本の基軸産業の一つであった。それが図－１で明らかのように２０１６年には99万人に半減するのである。その理由はこれまでみてきたように、90年代半ば以降の日系エレクトロニクス企業の東アジアでの事業展開によってもたらされた産業空洞化とデジタル化の進展によって加速化されたモジュラー型オープンアーキテクチャのグローバルな普及にある。しかしここで留意すべきは90年代半ばまでにすでに主力の量産工場は国内の地方各地域に展開され、この量産工場を頂点とする産業集積がその地域に形成されながらも、これら日本各地の主力量産工場から東アジア地域に生産移管されたことである。さらに高付加価値品まで東アジアで生産されたことで、日本各地の量産工場の稼働率は劇的に低下し、大幅な人員整理に追い込まれることになった。また東アジアに移管した現地法人での部品・デバイスの現地・周辺調達が増えていったので、日本からのこうした中間財の輸出も抑えられ、空洞化は産業集積の頂点のみならずその地域の裾野産業にも及ぶことになったのである。

さて90年代半ば以降各地域の産業集積で進んでいった空洞化の状況をここで長野県を事例に振り返っておきたい。まず、冒頭で紹介した北信産業集積の形成核であった富士通について。富士通は2001年8月、国内外のグループ全体で計約1万6400人の人員削減計画を発表した。富士通長野工場は竣工時に汎用コンピューターの量産部門と多層プリント配線基板（PCB）の部門を有していたが、その後磁気記憶装置部門（HDD）も設置され、この時期はPCBとHDDを核に事業が行われていた。他方富士通須坂工場は戦後電子部品の生産拠点として位置づけられていたが、この当時には管理部門を残し、工場内は関連会社が生産活動を担い、富士通メディアデバイスがディスク等の記憶媒体、富士通カンタムデバイスが光通信用部品、長野富士通コンポーネントが液晶パネルの生産を行っていた。そして叙上の人員削減計画が発表される前に長野では2度のリストラ計画が発表されていたのである。2000年度に、コンポーネントをフィリピンに、HDDをタイに、量産型PCBをベトナムに生産移管し、実際には約500人の人員整理が行われた（信濃毎日新聞　2001年8月1日）。そして本社の人員削減計画が発表される直前の2001年6月には長野工場で従業員の1割に相当する約250人が配置転換、出向でまた整理する方針が打ち出され（同前）、さらに同年10月にはファイル製造からの撤退に伴って約250人の富士通グループへの配置転換、出向、転籍が決定された（信濃毎日新聞　2001年10月16日）。このように2000年に約500人の人員削減、2001年に500人の配転・出向・転籍が発表され、そのうえで2001年8月に発表された人員削減計画に基づいて2002年にさらに大規模な整理が行われることになった。2002年8月15日付の日本経済新聞長野経済面では「富士通、北信で1685人削減、長野県内では最大規模、再就職支援へ協力」と題して次のように報じられた。

「富士通は長野工場（長野市）など北信で千六百八十五人を削減する。・・・長野労働局によると、県内では戦後最大規模の人員削減という。・・・
長野工場で九百人、須坂工場（須坂市）で六百十三人を削減する。長野工場は富士通本体が運営しているが、須坂工場は子会社が入居して事業運営している。主な子会社の人員削減数は富士通メディアデバイス二百四十人、富士通カンタムデバイス百五十二人、長野富士通コンポーネント百三十四人。
長野工場、須坂工場とは別に、長野市松代町にある長野カンタムデバイスも百七十二人を削減する。長野富士通コンポーネントや富士通カンタムデバイスの須坂事業所（須坂工場内）などとの事業統合に合わせて合理化に踏み切る」、と。

その後長野労働局のまとめで、早期希望退職に応じた従業員は２４３６人であったことが判明した。応募者の内訳は長野工場が９５７人、須坂工場内の富士通メディアデバイスが５３８人、長野富士通コンポーネントが１５９人、富士通コンポーネント技術開発センターが22人、富士通カンタムデバイス須坂事業所が２７２人、子会社の長野カンタムデバイスが１７３人であった。また富士通カンタムデバイス須坂事業所と長野富士通コンポーネントは量産部門は閉鎖し、長野工場ではＰＣＢ事業を引き継ぐ開発・試作中心の新会社を設立し、応募者のうち２００－３００人の転籍が予定されていた（信濃毎日新聞　２００２年9月21日）。

この時期の人員削減は北信だけでなく、他の地域でもみられた。東信では上田市と小県郡丸子町に主力工場を持つ東京特殊電線（本社・東京）がこの地域の８００人従業員のうち３００人まで早期退職優遇制度による希望退職者を募ることが２００1年11月22日に決定され（信濃毎日新聞　２００1年11月23日）、２００2年2月にシメオ精密（御代田町、シチズン系）が80人、日立東部セミコンダクタ（小諸市）が１０９人、3月になってＴＤＫ千曲川工場（佐久市）も１００人の希望退職者を募り、精密機器製造のミヨタ（御代田町、シチズン系）が4月5日に90人の希望退職募集を始めた（信濃毎日新聞　２００2年4月12日）。

南信では北澤製作所・東洋バルブからスピンアウトした技術者が起業した企業で諏訪地域の技術力を支えた三協精機製作所が２００1年11月にリストラ計画を発表した。２００1年11月22日付け信濃毎日新聞では次のように報じていた。

「大手電機・精密メーカーの三協精機製作所（諏訪郡下諏訪町）は二十一日、国内六生産拠点のうち、飯田（飯田市）、伊那（伊那市）、諏訪（諏訪郡原村）の三工場の段階的閉鎖とそれに伴う人員削減を主な内容とする大規模なリストラ策を発表した。今後、三工場で六百人近い在籍者の配置転換などを進めていくが、このうち出向・転籍を含めた人員削減が、全社員（約千七百人）の二割余に当たる四百人規模になる見通しだ。

併せて、子会社の高遠計器（駒ケ根市）とタテシナ電子（茅野市）の二社も来年三月末で閉鎖、社員計約二百二十人は退職とするとしており、今後、南信地方を中心に地域経済・雇用への影響が懸念される。

同社によると、閉鎖時期は、小型モーターなどを生産する飯田工場（社員数二百十人）が来年九月、オルゴールなどの諏訪工場（二百四十六人）は同十二月、産業用ロボット製造の伊那工場（百十九人）は二〇〇三年度中を予定。生産は駒ケ根工場などに移し、閉鎖後の工場は売却する方針。残る国内生産拠点は下諏訪（下諏訪町）、駒ケ根（駒ケ根市）、諏訪南（原村）の三工場となる」、と。

その後、2002年9月に閉鎖された飯田工場は多摩川精機に買い取られ、多摩川精機はこの飯田工場で自動車用センサーと小型モーターの生産拠点とし（信濃毎日新聞　2002年10月2日）、また三協精機は2003年から2004年にかけて日本電産に第三者割増増資を行い、子会社となり、日本電産は社名を日本電産サンキョウとする。

また、1979年からカラーテレビの生産を始めた伊那市のNEC長野では1990年代以降タイのサイアムNECに全量生産移管し、空いたラインでパソコン用ディスプレーの生産を行っていたが、それも1993年以降漸次ディスプレーの生産移管をNECホームエレクトロニクス（マレーシア）で行い（日本経済新聞　１９９３年９月４日）、最終的に電機大手や自動車メーカーなどから受注し、プラズマ用ディスプレーや電子制御装置をＥＭＳとして製造してきた。しかし生産規模の縮小は続き、２００８年８月28日に希望退職者を募り、２００５年に自社敷地内に誘致したＮＥＣライティングへの転属を発表した（信濃毎日新聞　２００８年８月29日）。ＮＥＣライティングは液晶テレビのバックライト光源に使う蛍光ランプを製造していたが、パネルの製造拠点が中国に集まっているため、現地生産が望ましいとして２０１０年11月に工場を閉鎖し、約１４０人の従業員が退職した（日本経済新聞　２０１１年９月１日）。閉鎖に関して「住民約２００人は７月下旬、市に対し２００６年～09年度に支給した補助金１億５８００万円を含む約５億５０００万円を、ＮＥＣライティングに請求するように求める住民監査請求を提出した」（同）。また、ＮＥＣ長野の工場も２０１７年３月に閉鎖されると一旦発表された（日本経済新聞　２０１５年８月27日）。

　最後に中信について。ソニーは２０１４年２月６日、ＶＡＩＯブランドで展開しているパソコン事業部を、投資ファンドの「日本産業パートナーズ」に売却すると正式発表した。ＶＡＩＯはソニーの子会社、ソニーイーエムシーエスの長野テクノサイトでつくられてきた。同社のパソコン事業部は社員約１１００名で、その大部分は長野テクノサイトに在籍していたという。新会社はＶＡＩＯを長野テクノサイトで引き継ぎ、社員２５０～３００人程度で創業を始める方針で、長野テクノサイトではすでに１月から早期退職者の募集を始めている（信濃毎日新聞

2014年2月7日）と報じられた。

長野県産業構造は、その特徴として電機産業の比重、輸出依存度も高かったので、グローバル資本主義の進展の影響を受けやすかった。県全体では製造品出荷額等に占める電機産業の割合は2000年に47・2％を占めていた。長野県企業と海外事業展開を積極的に行っており[9]、その影響も受けて、またデジタル化の進展、モジュラー型オープンアーキテクチャのグローバルな普及によってグローバルな価格競争に巻きこまれることにもなった。製造品出荷類等に占める電機産業の比重は当然下落し、2017年には36％にまで低下する。典型的な2市でみると、須坂市は同じ期間に66・9％から5・9％に、伊那市は47・4％から7・8％に驚異的に比重を落としている。もちろんこの比重低下は電機従業者の削減を伴うもので、県内電機産業の従業者数はピーク1991年の10万2134人からボトム2014年に4万8102人に半減するものとなった。須坂市では電機従業者数はピークの1988年の4287人から2000年に2904人に、さらに2005年には1326人、2017年には611人とピークの14・3％に、この世代交代間で市の様相が一変してしまった。伊那市もピークの85年の3151人から2005年には1943人、2010年に986人、さらに2017年に750人に、ピークの23・8％に減少した[10]。

Ⅲ－2　間接的影響

先に記したように北信における富士通系産業集積の形成は労働力の供給を農業地域から仰ぎ、農村地域工業導入促進法、県過疎対策誘致条例の適用を受け山間部にも分工場、作業所を建設し、農家形態を変えるものとなった。長野県は傾斜地、急峻地が多く、また火山山麓も多く、地味に欠け、平地には扇状地、河岸段丘が多く水環境にも恵まれているとはいえず、寒冷地という厳しさも加わり古より農業を基盤としながらも副業が必要であり、兼業農家を常態とする地域が圧倒的に多いものとなる。

表1－2に示されているように、長野県全体で第2種兼業農家は1950年から1990年にかけて7万5499戸増えている。この間に専業農家は9万0914戸、第1種兼業農家は5万2950戸減少しており、また電機産業従業者は9万4743人増えており、これらのことは長野県で電機産業が基盤産業として形成・発展できたのも農業地域からの潤沢な労働力供給があってのことということを示している。つまり長野県の工業化は各地域において電機大手・中堅が主力量産工場を稼働させ、その裾野に部品、デバイスメーカーを集積させるプロセスを通して実現されたが、このプロセスは工場労働者を近隣の農業地域から吸収し、第2種兼業農家を大量に生んでいくプロセスを伴っていたのである。しかし、長野電機産業はこれまでみてきたようにグローバル資本主義の進展によって衰退していく。逆の場合はまた然りで、電機産業の収縮は第2種兼業農家の減少をも伴うものになってしまったのである。電機産業従業者

表１－２　長野県総農家数（1950－1990年）・販売農家数（1990－2015年）と電機産業従業員数の推移

		総農家							
		1950年	1960年	1965年	1970年	1975年	1980年	1985年	1990年
長野県	電機産業従業者数	5, 962	18, 792	34, 572	69, 643	62, 274	68, 002	97, 128	100, 705
	農家総数	230, 661	224, 337	215, 933	209, 492	200, 114	193, 326	185, 470	162, 298
	専業農家	114, 350	70, 448	39, 481	28, 983	23, 713	25, 321	24, 094	23, 436
	第１種兼業農家	72, 006	85, 692	82, 183	65, 788	36, 292	33, 402	27, 208	19, 056
	第２種兼業農家	44, 307	68, 197	94, 269	114, 721	140, 109	134, 603	134, 078	119, 806

		販売農家					
		1990年	1995年	2000年	2005年	2010年	2015年
長野県	電機産業従業者数	100, 705	93, 135	85, 087	71, 010	60, 878	54, 587
	農家総数	115, 637	103, 674	90, 401	74, 719	62, 076	51, 785
	専業農家	17, 972	17, 145	16, 246	16, 441	16, 742	17, 241
	第１種兼業農家	18, 536	19, 169	12, 398	11, 696	8, 381	6, 008
	第２種兼業農家	79, 129	67, 360	61, 757	46, 582	36, 953	28, 536

電機産業従業者数の1950年の数値は統計を取りだした最初の1952年のもの、また2015年のそれも2016年の数値になっている。
資料：長野県『工業統計調査報告書』各年版、『世界農林業センサス』各年版より作成

図1－5　長野県総農家数（1950－1990年）・販売農家数（1990－2015年）と電機産業従業員数との相関（各1990年を100とする指数）

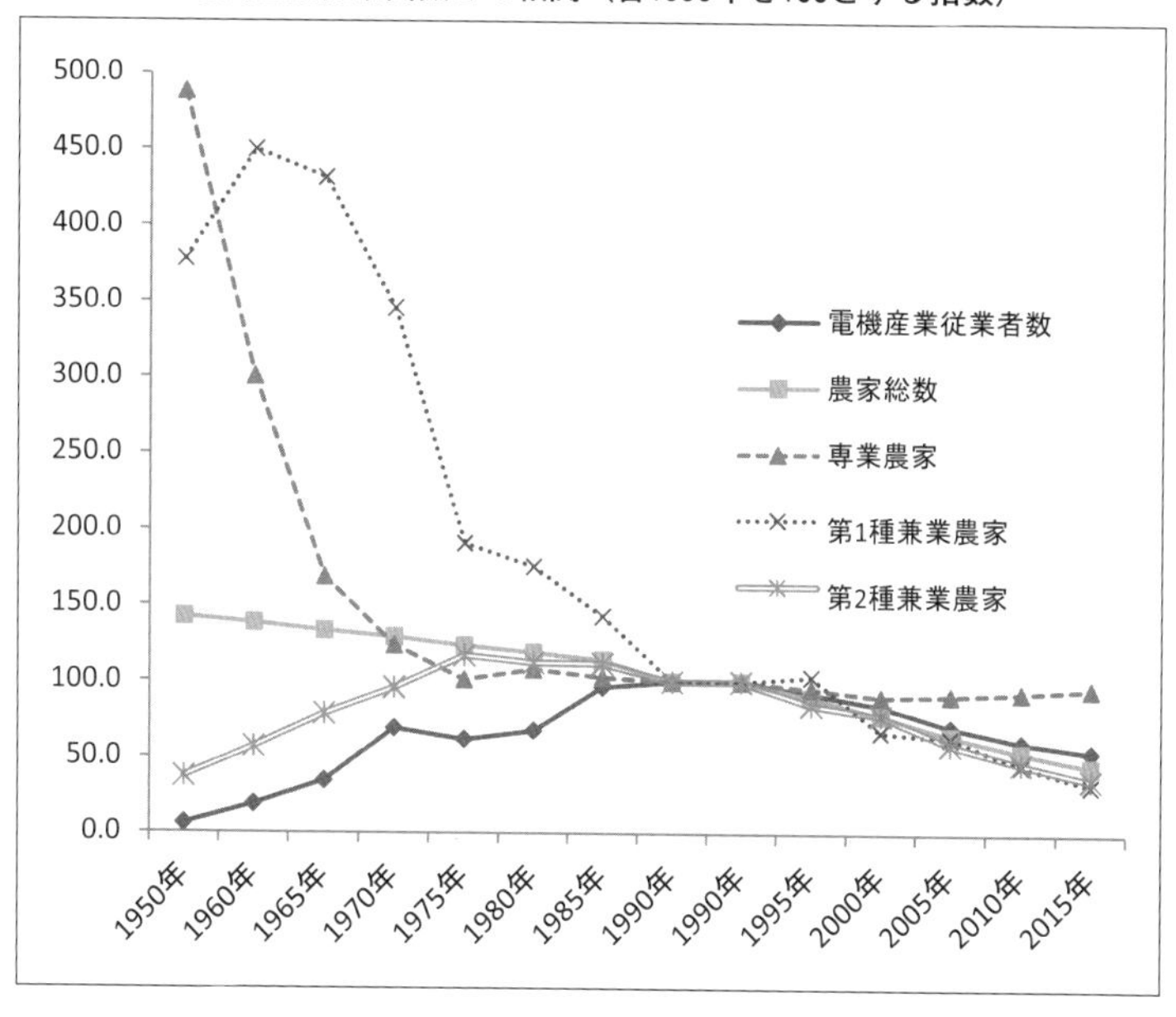

数の減少が兼業農家の減少をもたらし、農家総数の減少を規定するものとなっている。図1－5をみていただきたい。1950～1990年にかけて電機産業従業者数と第2種兼業農家数は接点100・0に向かって右肩上がりになり、専業農家と第1種兼業農家は接点に向かって右肩下がりになっている。そして1990年～2015年にかけては専業農家数の斜度が緩いものの、一体となって右肩下がりになっている。このグラフは1990年を接点に「入」字に近い形になっている。グラフが「入」字に近づけば近づくほど、農家数が電機産業の盛衰

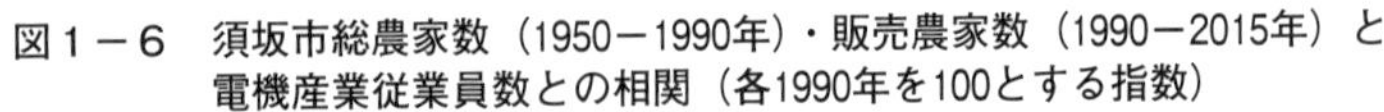

図１－６　須坂市総農家数（1950－1990年）・販売農家数（1990－2015年）と電機産業従業員数との相関（各1990年を100とする指数）

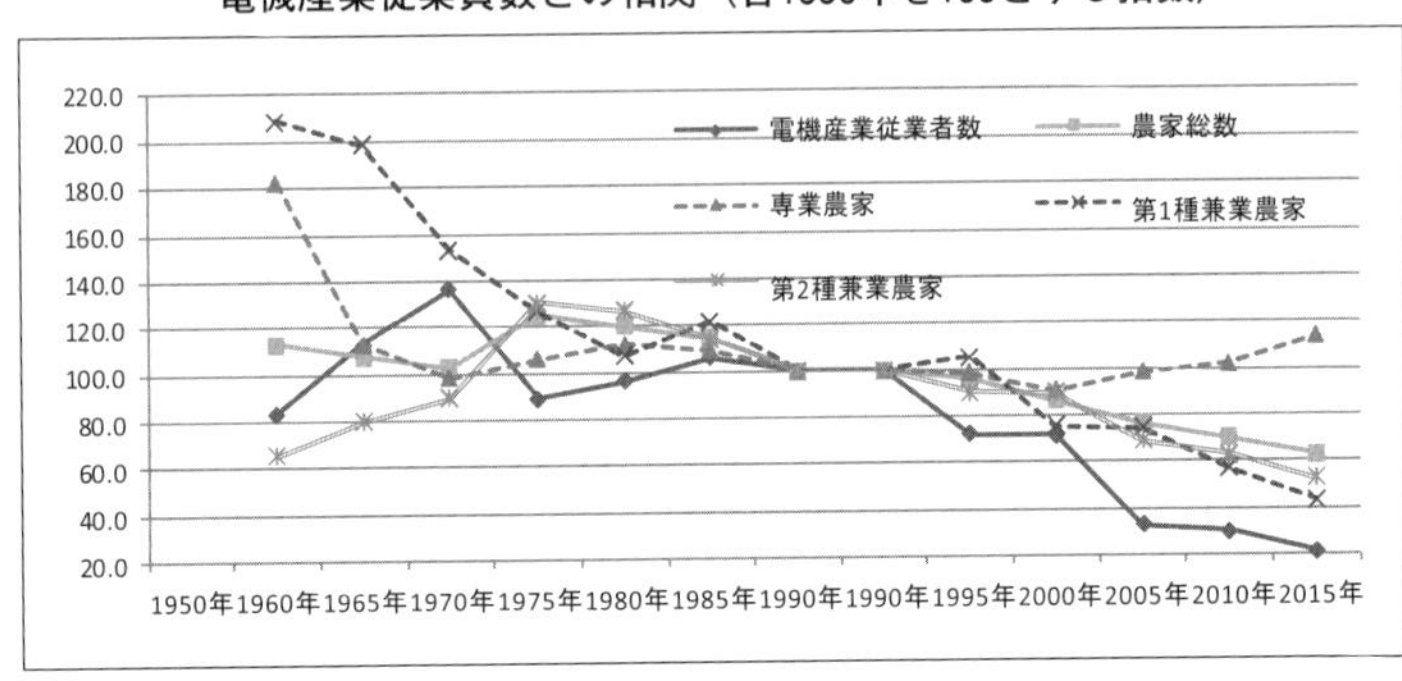

に規定されていることを物語るものとなる[11]。

本拙稿で北信における富士通系の産業集積形成とその縮小について触れた。この両側面がこの地域の農家数に与えた影響を図１－６、１－７で示しておきたい。

須坂市は富士通須坂だけでなく、神林製作所（現テクノエクセル）、鈴木等協力企業も多かったことで、電機産業の盛衰に農業が強く規定され、「入」字形が示されている。農家数が第２種兼業農家の減少に規定され減少しており、第２種兼業農家の減少の規定因は電機産業従業者数の減少であり、それは叙上のように富士通のリストラの結果である。須坂市は富士通須坂工場の企業城下町であって、このリストラは市の財政を直撃した。市の法人市民税は２００１年度の９・４億円から２００３年度には４・８億円に半減し、個人市民税もピークの97年度に比べて２００３年度には10億円近く減り、市は学校の体育館やプールの改築、道路、下水道整備をはじめとする18の事業を凍結・先送りとせざるをえなかった（信

図1－7　伊那市総農家数（1950－1990年）・販売農家数（1990－2015年）と電機産業従業員数との相関（各1990年を100とする指数）

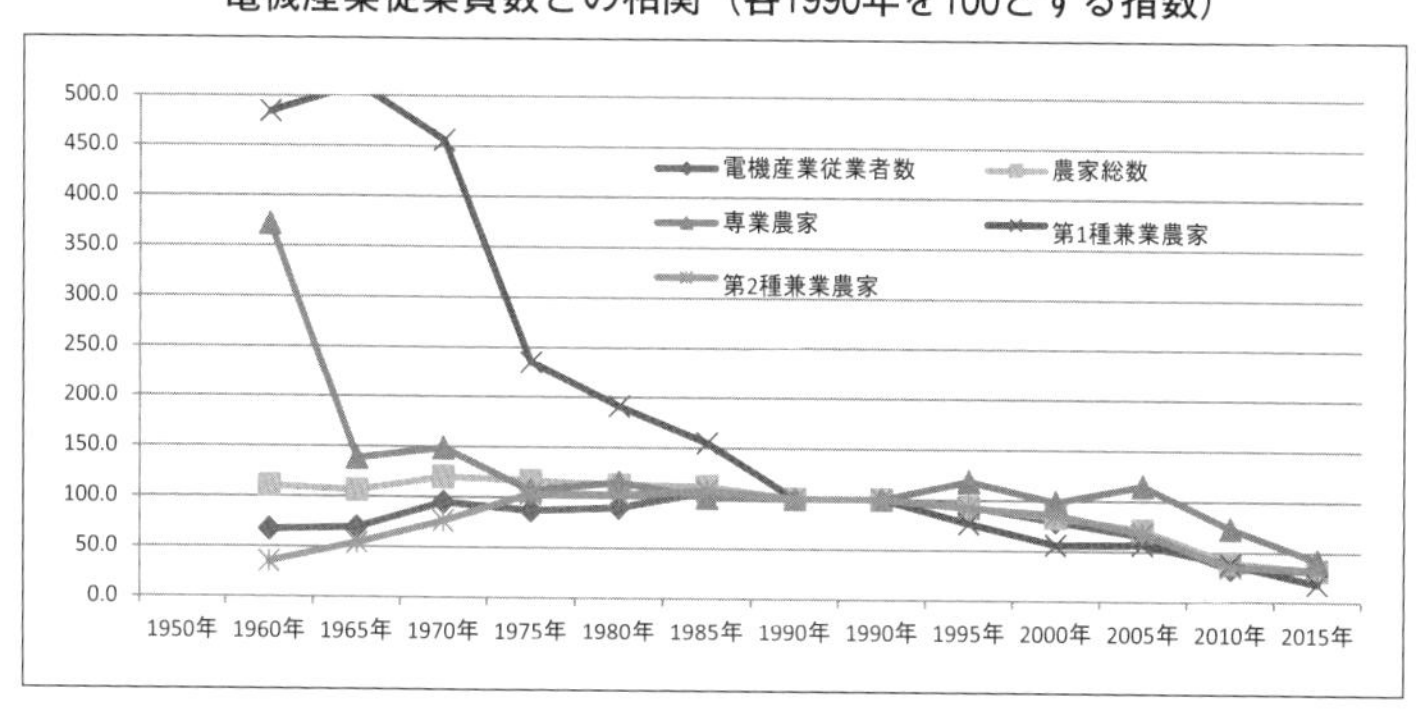

濃毎日新聞　2004年10月11日）、という。

富士通と並んで日本情報通信機械器具製造業の雄NECの長野法人があった伊那市ではどうであろうか。図では全体像を示すために最大値を500にまでとってあるので、1990年以降の変化が狭いレンジの中で読み取りにくい。数値で示すと、1990年の値を100とする指数でみると2015年の電機産業従業者数は32・3、第2種兼業農家は32・9、農家総数は32・1で電機産業従業者数の減少→第2種兼業農家数の減少→農家総数の減少という因果関係が顕著に示されている[12]。

小括

本章を締め括るにあたり図1－5から図1－7までの「人」字形の意味するところを考えておきたい。単純化するために図1－5を例にとりたい。便宜上、横軸の両1990年の間に縦軸を引き、縦軸100・0のところに横軸を引き、図を4つの象限としてみると、第1、4象限は1990年以降のグローバル資本主義が進展する時間帯で、第2、3象限はそれ以前の時間帯で福祉国家体制の形成・安定期としてみることができる。まず第2、3象限での推移から考えてみると、第3象限では電機産業従業者数が増大することで第2種兼業農家が増大することが示されている。電機産業が県内で基盤産業としての形成・確立するプロセスで、そのなかで第2種兼業農家が増えているのである。このプロセスを第2象限でみると、専業農家、第1種兼業農家が減少し、農家総数も減少している。第3、第2象限を合わせて考えると、長野県電機産業の発展はその労働力を農業地域から供給を仰いでいたことが示されている。この間国家政策としては全総で「国土の均等ある発展」を目標として農村地域工業導入促進法等が、地域間格差是正を理念として展開され、県も過疎対策誘致条例を発動させ、こうした諸政策が上記プロセスを促進するとなった。第4象限の時間帯では冷戦終結を受け、ITが開花し、「南巡講話」以降中国がグローバル資本主義へ野合し、1ドル＝80円を超える超円高の下、日系エレクトロニクス企業の中国をはじめとする東アジアでの事業展開が後先考える暇なくブーム化し、それが国内の空洞化をもたらすこととなった。またデジタル化の進展、モジュラー型オープンアーキテクチャのグローバルな進展で日本エレクトロニクス企業の競争力が一気に剥ぎ取られ、両要因加わって、91年から日本エレクトロニクス産業の従業者数は200万人弱から半減するものとなる。長野県でも同様の進展を追い、図1－5の第4象限で観られるようにエレクトロニクス産業の従業者数の減少と第2種兼業農家の減少が同時に進行しているのである。通例農家の減少は高齢化によってもたらされていると考えられているが、実態はそのように単純なことでなかった。表1－2で明らかのように、農家総数は1990年から2015年に6万3853戸減少し、第2種兼業農家はこの間に5万0593戸減っていて、農家数の減少は明らかに第2種兼業農家の減少が規定している。第2種兼業農家の減少は高齢化だけで進んだわけではなく、兼業先の状況にも大きく規定されていたのである。兼業先の縮小さらには工場閉鎖によってリストラされても農業に戻れない実態が、第2種兼業農家の減少によって農家総数の減少がもたらされていることとして示されている。農業地域から労働力の供給を受けながら進めてきた各地域の工業化政策故に、グローバル資本主義の進展によってその地域の基盤産業が衰退するだけに事態は収まらず、農業も同時に衰退する結果を導いてしまったのである。

この両者の衰退は何を意味するのであろうか。前者からみておこう。長野県電機産業の従業者数は1990年から2015年に10万0705人から5万1587人にほぼ半減し、製造従業者の減少10万9482人の規定因となっているが、この事態は全国でも同様となっている。日系企業の東アジアでの事業活動をチャンネルとする日本的生産システムの伝播とモジュラー型オープンアーキテクチャの進展によって東アジアの工業化が画期的に進んだ結果、先進工業諸国の製造業の雇用吸収力が急速に減退した。唯一労働力を販売することで生活の糧をえなければならない労働者にとって、これまで労働力が安定的に販売できていた製造業が、グローバル資本主義の段階にいたってその安定性が大きく崩れてしまったことを思い知らされる結果となる。さらに働き手にとって苦しい状況は政策的にも作り出されてしまった。労働者派遣法の度重なる「改正」に典型的に示される労働市場の規制緩和・撤廃である。この規制緩和・撤廃は今や主流の政策をなしているので、グローバル資本主義の一面を構成していると考えられる。労働者派遣法は1999年の「改正」で派遣先をネガティブリストとして拡大し、2003年の「改正」では製造業も解禁し、製造業も安定的な職場ではなくなった。そして今や雇用に占める非正規雇用の割合は4割近くとなり、2016年『労働力調査』ではその仕事から得られる年収が200万円未満の非正規労働者は非正規労働者全体の74％を占め（総務省『労働力調査（詳細集計）』（2017年2月）、「稼ぐに追いつく貧乏なし」という人生訓は今やその説得性を完全に失い、日本の相対的貧困率は16・1％（2012年）、OECD加盟国中6番目に高い貧困国になってしまった。この働く貧困層の大量創出という事態を資本主義経済の根底的成立要因である「労働力の商品化」から考えてみると、「労働力の再生産」に必要な生活費が労働力の販売で稼げないことを示し、これでは「労働力の商品化」の持続可能性は危うい。半田が指摘しているように「労働力の再生産機構に綻びが走り」（半田［2019］、37頁）、資本主義経済はグローバル資本主義の段階にいたって「自ら拠って立つ基盤を毀損するパラドックスを抱えている」（36頁）と考えられよう。グローバル資本主義の下で農家数の減少がもたらされている点では、各地域で食料自給率が低下していき、労働力商品化のまともな機会が漸次少なくなるなか、さらに生活資料の重要な食料生産の確保も難しくなる。社会的に適正な労働配分を通して生産手段と生活資料の均衡編成が達成できなければ社会の存続は難しくなる。こうした点ではこれも半田の指摘であるが、「グローバル資本主義が一つの社会構成体としての要件をいまなお担保しえているのか」（28頁）問われるところである。そしてこのグローバル資本主義の限界は実際には各地域経済で基盤産業の衰退、安定就労先の縮小、農家の減少、人口減少等厳しい事態として今現実に生じていることに留意すべきであろう。

注

（1）ここでグローバル資本主義を定義しておきたい。米ソ冷戦の終結という歴史的転換点を背景に、IT・デジタル技術の進化を技術的基礎に、多国籍企業と、もはや多国籍化せずともグローバルネットワークを用いてハード・ソフト両ウェアの調達を可能とするグローバル企業が核となり、一方でモジュラー型オープンアーキテクチャの普及を通して産業グローバル化と、他方で膨張するマネーサプライを受けてボーダレスに金融商品を運用する金融グローバル化を実現させた段階の資本主義と考えている。またそれは先行する福祉国家の枠組みを規制撤廃を通して変容させた面を考えると、政策体系としては新自由主義を引き継いでいると考えられるのである。

（2）以上の点については冨岡［1997］第1章を参考にした。

（3）以上の全総の展開は宮本［1990］第5章を参考とした。

（4）長野県の他の地域の産業集積の形成については宮嵜［2014］、宮嵜［2016］を参照されたい。

（5）1970年から90年までに製造品出荷額等の伸びは著しく、総額では69兆から327兆円に、電機産業では7・3兆から54・7兆円に、輸送機産業では7・3兆から46・9兆円に、一般機械産業では6・8兆円から33・7兆円に増大し（経産省『工業統計調査』）、輸出額では総額で7兆から41・5兆円に、電機産業で0・8兆から9・5兆円に、輸送機産業で1・2兆から10・4兆円に、一般機械産業で0・7兆円から9・2兆円に増大した（財務省『貿易統計』）。またこの20年間で新規に発生した工作機械のNC化率は8・2％から70・3％にまで伸びている（日本工作機械工業会『工作機械統計要覧』）。

（6）詳しくは宮嵜［1995］、宮嵜［2000］を参照されたい。

（7）日本ビクターは25、29インチ型テレビをタイへ生産移管（94年7月）、日立製作所は25インチ型テレビ用ブラウン管をシンガポールへ生産移管（94年7月）、ソニーは29インチ型テレビ用ブラウン管をシンガポールへ生産移管（95年10月稼働）、NECはワイドテレビをタイへ全量生産移管（95年1月）、三洋電機はワイドテレビをシンガポールへ生産移管し、その逆輸入（94年7月）、松下電子工業はワイドテレビ用ブラウン管をマレーシア、北京へ生産移管（95年6月）、さらにソニーは電子銃をシンガポールへ生産移管（94年3月）した。詳しくは宮嵜［1995］を参照されたい。

（8）図1－3で2010年の輸入の急増ぶりが示されている。この急増する輸入は注図で受入数量との相関関係が確認できるように、上記5社の海外EMSへの生産委託分と判断されよう。

（9）長野県企業の海外製造事業所は1992年229ヶ所（うちアジア162、その中でも中国14）から2012年には622ヶ所（うちアジア540、その中でも中国256）に急増していた。詳しくは宮嵜［2014］57頁ならびに同付表を参照されたい。

注図　液晶テレビの受入数量・輸入額の相関（2007年＝100）

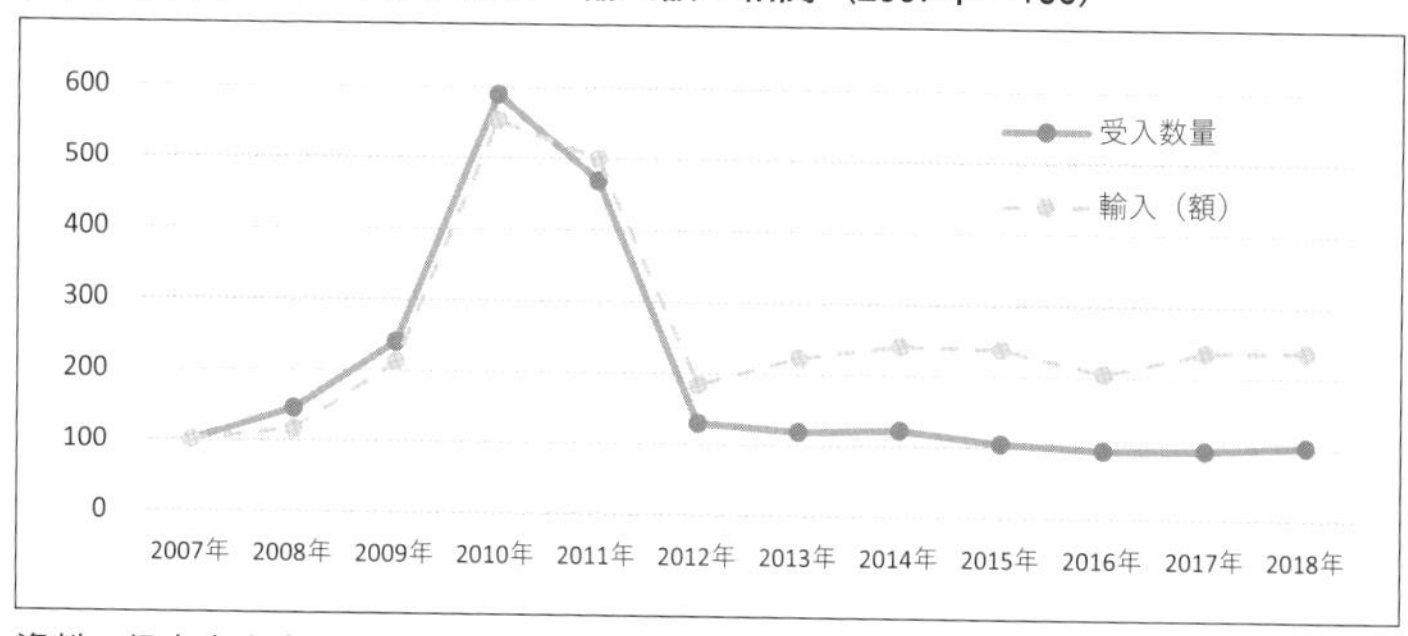

資料：経産省生産動態統計、財務省貿易統計より作成

（10）これまで折に触れて北信の富士通とＮＥＣ長野について言及してきた。富士通本店・川崎工場とＮＥＣ玉川事業所は川崎市中原区に立地し、川崎市のなかでは川崎区の石油化学、鉄鋼等の素材産業と並んで中原区は情報通信機械産業の集積として重要な役割を担ってきた。１９９１年に中原区の電機産業は事業所数１６４、従業者２万２７５２人を数え、製造品出荷額等は７５２５億円を記録していた。直近の２０１７年では同産業は事業所数43（対91年比26・２％）、従業者数９９２５人（同比４・１％）、製造品出荷額等では１２４億円（同比１・６％）と往時の姿は見る影もない。ところが中原区の武蔵小杉駅周辺は高層マンション群が聳立し、住民の多くは川崎都民と呼ばれている川崎市の人口増加のけん引役となっている。高層マンションの多くは工場跡地に建設されており、須坂市などと比較すると産業凋落の結果が首都圏と地方との間では天地の差のように生じている。この対照的な景色はグローバルシティの「繁栄」と地域経済の疲弊というグローバル資本主義の奇態を典型的に示している。

（11）表１－２、図１－５～７を掲載するに若干の説明を加えておきたい。図表は長野県の電機産業の盛衰が農家構成に及ぼす関係をとらえるために作成した。『1990年世界農林業センサス結果概要』では農家をそれまで一体化してあった「自給的農家」と「販売農家」を区別して、「販売農家」に重点を置くデータづくりになっている。以降のセンサスもこの方針で編まれている。そこでデータのそれ以前からの継続性を維持するために、1990年以前は1990年の「総農家」数を100とする指数で、1990年以降は1990年の「販売農家」数を100とする指数で経年変化をとらえようとしている。なお図1−5〜7は表1−2と同じ統計から作成している。

(12) 紙幅の関係で、相関図は3点しか示せなかった。宮嵜［2016］では各市・郡別に36点の相関図を掲載してある。その中で「入」字形を示していたのは須坂市、伊那市以外には、小諸市、中野市、飯山市、南佐久郡、北佐久郡、小県郡、上伊那郡、下伊那郡、東筑摩郡、北安曇郡、上水内郡である。いずれも平成の市町村大合併後のエリアを基準に統計を作成している。

参照文献

小川［2014］、小川紘一『オープン&クローズ戦略−日本企業再興の条件−』、翔泳社

信州地理研究会［1993］、信州地理研究会『変貌する信州Ⅱ』、信濃教育出版部

冨岡［1997］、冨岡倍雄『機械製工業経済の誕生と世界化』、御茶の水書房

西澤［2014］、西澤祐介「液晶テレビ産業における日本企業の核心と衰退」、経営史学会『経営史学』第49巻第2号

半田［2019］、半田正樹「グローバル資本主義の『資本主義度』を問う−市場原理の膨張、経済の金融化、グローバリゼーション」、経済理論学会編『季刊経済理論』第56巻第1号

宮本［１９９０］、宮本憲一・横田茂・中村剛治郎編『地域経済学』、有斐閣ブックス
宮嵜［１９９５］、宮嵜晃臣「日本電子・電子企業（セットメーカー）の海外事業展開の現状」現代日本経済研究会編『日本経済の現状　１９９５年版』、学文社
宮嵜［２０００］「日系企業の東アジアでの事業展開が国内経済に及ぼす影響」、天野勝行・芳賀健一編『現代資本主義の現実分析　－新しいパラダイムを求めて－』第12章、昭和堂
宮嵜［２０１４］、宮嵜晃臣「ＩＴ／グローバル資本主義下の長野県経済再考－ＩＴバブル崩壊後の長野県経済－」、専修大学社会科学研究所月報　№６１５　http://www.senshu-u.ac.jp/~off1009/PDF/smr615.pdf
宮嵜［２０１６］、宮嵜晃臣「長野県農業と長野ワインに関する一考察－長野県電機産業の盛衰と関連させて－」、専修大学社会科学研究所月報　№６３０・６３１　http://www.senshu-u.ac.jp/~off1009/PDF/160120-geppo630/smr630-miyazaki.pdf

第2章　雇用における地域格差と地域経済

長尾　謙吉

Ⅰ　はじめに

「仕事の新しい地理」を論じたエンリコ・モレッティの著書が『年収は「住むところ」で決まる』(Moretti 2012) という刺激的タイトルがつけられ翻訳されたこともあって話題となり、仕事をめぐる地理的様相と地域間格差に関心が高まっている。『年収は「住むところ」で決まる』は刺激的なタイトルであるが、収入は「住むところ」だけで地理的宿命論のように決定するものではないし、地域間や都市間での格差だけでなく地域内での格差、さらに資産の格差についても留意しておく必要がある。仕事をめぐる地理的様相は、収入の格差の狭い範疇に止まらず、人々のライフコースと人口移動に影響し、個人の生活設計や社会の構造変化と大いに関わっている。世代ごとの「仕事の地理」を「住まいの地理」と関連させつつ検討した中澤(2019)は、労働市場が全国一律だけでは把握できずローカルな労働市場の持つ意義が大きいことを示している。それゆえに、日本における「地域経済・社会の現状と歴史」を考えるうえで、仕事をして所得を得る機会の地域間での差異について検討することは大きな意義を持つ。その検討が本章の課題となる。

仕事に就くという就業に関する地域間の機会均等について、第二次世界大戦後の日本においては地域の産業的多角化と地域間の産業構造の均衡が鍵となることが論じられてきた（川島1976）。産業構造の変化のもと、農林水産業以外の仕事、とりわけ製造業や対事業所サービス業などの地理的偏在は大きく、仕事に就く機会への差を形成してきた。しかし、今日では産業構造だけに目を向けるのでなく、職業構造にも着目する必要がある。仕事の量だけでなく、仕事の種類や質に着目する必要性が高まっている。居住地域ごとに「さまざまな仕事がある」ことの意識差が大きく、それが専門的・技術的職業や管理的職業の都道府県別就業者数と関連すること（橘木・浦川、2012）や「多様な雇用機会に恵まれない地方圏で暮らす若者のキャリアは、大都市圏と比べても、いっそう展望を開くことが難しい」（阿部2017、85）ことの指摘は、職種構成の地域間での差異の重要性を示唆している。

昨今の日本において議論が沸き上がっている「地方創生」の火付け役ともなった「消滅可能性都市」を提示した増田は、地方が総合戦略を検討するにあたり、雇用の重要性を以下のように述べている。

まず「しごと」をつくり、「ひと」を集め「まち」を整えるというのが順序であろう。雇用の「量」だけではなく、「質」も考慮することが必要である。若者が結婚し、家族を持てるだけの賃金水準を実現していく必要がある。（増田２０１５、28）

このように重要な社会的課題となっている雇用をめぐる地域格差について、本章では、第２節で産業構造や職業構造と関連させながら第二次世界大戦後の日本の動向を捉えたうえで、第３節で製造業の職種別雇用の都道府県別動向をもとに「さまざまな仕事」をめぐる地理的状況について考察し、第４節において雇用と地域経済について展望したい。

Ⅱ　産業と職業からみた雇用の地理的概観

第二次世界大戦後の日本においては地域間の産業構造の均衡が鍵となることが論じられてきた。それは日本経済を牽引してきた製造業が地理的な偏在度が高く、仕事に就く機会への差を形成してきたからである。

都道府県別での就業者第1位の産業について国勢調査を用いて日本標準産業分類（第10次改訂前まで）に基づく農業、製造業、卸売・小売業、サービス業で確認した加藤（２０１１）によると、表２－１に示すように１９７０年の時点では農業が24で製造業の20を上回っていた。１９７５年より製造業が最多となるが１９９０年がその最終年次であり、１９９５年にはサー

表２－１　就業者数第１位産業別都道府県数

年次	農業	製造業	卸売・小売業	サービス業
1960年	40	6		
1970年	24	20	2	
1980年	8	28	11	
1990年		26	3	18
2000年		9		38

注）旧大分類に基づく。
（出典）加藤（2011）を一部修正。

ビス産業28で製造業の20を上回った。１９６０年の時点では大都市部を除いては農業が中心であり、その後１９７０年代は「太平洋ベルト対非太平洋ベルト」の様相を呈し、１９９０年代以降はサービス経済化が顕著になる。サービス経済化は地方においても進展しているが、サービス業が比率的に高くなるのは他産業とりわけ製造業の発展が弱い地域であり、「ネガティブなサービス経済化」の側面もある（加藤２０１１）。

長尾（２０１６）と同様に従業地ベースでの就業者に関するデータをもとに東京都区部と大阪市への集中状況を把握しておきたい。表２－２は、２０１５（平成27）年国勢調査を利用して、従業地ベースで東京特別区部と大阪市の産業別就業者数を示したものである。若干比率が低下傾向にあるとはいえ、面積では日本の０・16％ほどを占めるに過ぎない東京特別区部に10％以上の「しごと」が集中している。大阪市には３％強の「しごと」があり、東京特別区部と比べると小さな値であるが、面積では日本の０・06％程度ということを考慮するとかなり大きな値である。世界銀行による２００９年次のレポート「変わりつつある世界経済地

表２－２　従業地ベースでみた東京特別区部と大阪市の産業別就業者数（2015年）

	日本	東京特別区部	%	大阪市	%
総計	58, 890, 810	6, 494, 220	11. 0	1, 929, 940	3. 3
建設業	4, 429, 650	353, 990	8. 0	117, 920	2. 7
製造業	9, 077, 510	527, 350	5. 8	219, 640	2. 4
情報通信業	1, 658, 450	736, 160	44. 4	119, 320	7. 2
運輸業，郵便業	3, 000, 500	299, 480	10. 0	95, 340	3. 2
卸売業，小売業	9, 367, 820	1, 073, 950	11. 5	386, 490	4. 1
金融業，保険業	1, 417, 760	316, 760	22. 3	78, 340	5. 5
不動産業，物品賃貸業	1, 179, 570	233, 750	19. 8	61, 210	5. 2
学術研究，専門・技術サービス業	1, 963, 060	421, 250	21. 5	100, 960	5. 1
宿泊業，飲食サービス業	3, 288, 060	342, 140	10. 4	108, 610	3. 3
生活関連サービス業，娯楽業	2, 121, 390	201, 090	9. 5	63, 120	3. 0
医療，福祉	7, 031, 700	424, 060	6. 0	157, 380	2. 2

注）パーセンテージは日本に占める東京特別区部と大阪市の割合。
出典）国勢調査より作成。

理」においても図示されているように、これら二都市の面積あたりの経済密度は非常に高い（World Bank 2008）。

産業別の数字に目を向けると、「情報通信業」では東京特別区部が44・4％を占めるという驚くべき数値を示しておともに、２０１０年の42・6％よりもさらに値が上昇している。「時間と空間を超える」と想定されがちな情報系産業において現実の世界では著しい集中傾向が観察される。

サービス経済化を牽引する「金融業、保険業」「不動産業、物品賃貸業」「学術研究、専門・技術サービス業」では、東京特別区部のシェアが20％前後であり、「しごと」をめぐる地理的偏在が浮き彫りになる。一方で、大都市圏のエンジンとして成長の牽引車となってきた製造業は、東京特別区部

表２－３　建設業、製造業、金融業、保険業の雇用者数の推移

		日本	東京特別区部	%	大阪市	%
総計	1970	52, 468, 135	5, 875, 905	11. 2	2, 356, 465	4. 5
	1990	61, 681, 642	7, 248, 689	11. 8	2, 455, 334	4. 0
	2015	58, 890, 810	6, 494, 220	11. 0	1, 929, 940	3. 3
建設業	1970	3, 978, 675	463, 260	11. 6	187, 465	4. 7
	1990	5, 842, 027	567, 034	9. 7	198, 880	3. 4
	2015	4, 429, 650	353, 990	8. 0	117, 920	2. 7
製造業	1970	13, 575, 850	1, 717, 640	12. 7	750, 220	5. 5
	1990	14, 642, 678	1, 416, 876	9. 7	557, 406	3. 8
	2015	9, 077, 510	527, 350	5. 8	219, 640	2. 4
金融・保険業	1970	1, 110, 580	255, 270	23. 0	95, 645	8. 6
	1990	1, 969, 207	442, 293	22. 5	122, 221	6. 2
	2015	1, 417, 760	316, 760	22. 3	78, 340	5. 5

出典）国勢調査より作成。

と大阪市ともに比率が小さくなっていることがわかる。１９７０年、１９９０年、２０１５年の建設業、製造業、「金融業、保険業」の値を示した表２－３は大都市の雇用にとって製造業が果たす役割変化を示唆する（加藤２０１９）。製造業は、ある時期までは大都市形成の牽引車となり、その後は「地方分散」の立地傾向のもと地方の経済を支えてきた。

就業に関する機会均等が重要な問題であると考える視点からは、産業的多角化と地域間の産業構造の均衡が鍵となることが論じられてきた（川島１９７６）。製造業や金融業などリーディングセクターとなる活動の地理的偏在が強いからである。しかし、今日では産業構造だけでなく職業構造にも目を向ける必要がある。

表２－４は従業地ベースで職業別就業者数について示したものである。「管理的職業従事者」

表２－４　従業地ベースでみた東京特別区部と大阪市の職業別就業者数（2015年）

	日本	東京特別区部	%	大阪市	%
総計	58, 890, 810	6, 494, 220	11. 0	1, 929, 940	3. 3
管理的職業従事者	1, 447, 190	207, 820	14. 4	58, 940	4. 1
専門的・技術的職業従事者	9, 337, 200	1, 286, 500	13. 8	302, 240	3. 2
事務従事者	11, 446, 270	1, 889, 390	16. 5	515, 330	4. 5
販売従事者	7, 315, 740	988, 660	13. 5	342, 370	4. 7
サービス職業従事者	6, 886, 390	560, 570	8. 1	188, 010	2. 7
生産工程従事者	7, 679, 870	320, 840	4. 2	148, 450	1. 9
輸送・機械運転従事者	2, 047, 270	156, 800	7. 7	47, 310	2. 3
運搬・清掃・包装等従事者	3, 906, 990	256, 110	6. 6	95, 770	2. 5

注）パーセンテージは日本に占める東京特別区部と大阪市の割合。
出典）国勢調査より作成。

「専門的・技術的職業従事者」「事務従事者」「販売従事者」というホワイトカラー系の職業が大都市において比率が高いことがわかる。２０１０年のデータと同様に（長尾２０１６）、「管理的職業従事者」と「専門的・技術的職業従事者」については東京特別区部のシェアが大阪市と比較しても高い値を示しており、専門的な職種の地理的集中が明らかである。

専門的な職種が「しごと」をめぐる地域格差にとって持つ意味が大きくなっている。橘木・浦川（２０１２）は独自の「地域移動と生活環境に関するアンケート調査」を用いて、居住地域に対する住民の意識について、「さまざまな仕事がある」という就業機会について東京圏をはじめ三大都市圏で高い数値を示し、「所得水準」以上に大都市圏と地方で住民の意識に差があることを指摘している。同書では、専門的・技術的職業従事者と管理的職業従事者をあわせた「新中間階層」の割合が高い地域との

表２－５　職種別にみた女性構成比

	1990年	2015年
総計	39.6	43.8
管理的職業従事者	9.2	16.0
専門的・技術的職業従事者	41.1	47.8
事務従事者	61.2	59.5
販売従事者	36.7	44.1

資料）国勢調査より作成。

表２－６　年齢階層別にみた職種別

	総数	管理的職業	専門的・技術的	事務	販売
総数	43.9	16.4	48.1	60.1	43.8
20～24歳	49.7	30.2	63.8	70.4	55.1
25～29歳	46.2	22.6	53.8	67.1	47.1
30～34歳	43.4	17.5	49.3	65.2	41.2
35～39歳	42.9	15.3	47.8	64.0	38.9
40～44歳	44.1	14.9	47.9	62.7	39.0
45～49歳	45.1	15.4	48.0	60.2	41.2
50～54歳	45.0	15.7	48.1	56.0	43.2
55～59歳	43.7	14.4	48.0	51.0	44.2
60～64歳	41.1	14.5	40.5	48.2	45.5

資料）国勢調査より作成。

相関が示唆されている。
また、人口移動と関わり「特に男性に関して、人的資本レベルの高い個人が、地方から都市（東京圏）に移動している可能性がある」（橘木・浦川２０１２、76）ことが提起されている。人口移動と専門職の雇用に関しては、中川（２００５）が高度経済成長期には幅広い人材が大都市圏に移動していたのに対して、１９８０年代には高学歴者が「選択的」に移動し、１９９０年代には移動者に占める女性の割合が上昇し、高学歴女性の東京大都市圏への選択的移動が顕在化したことを指摘している。地域間の移動が「さまざまな仕事がある」ことにつながりやすい職種の分布との関わり、そして男女間で傾向が異なるのかが関心の的になろう。

表２－５に示すように、いわゆるホワイトカラー系の職種について、もともと女性比率の高かった事務従事者は比率が上昇していないが、それ以外では女性構成比が１９９０年と２０１５年を比較すると高まっている。２０１５年について年齢階層別に職種ごとの就業者数の女性比率を表２－６にみると年齢階層が若いほどホワイトカラー系の職種での構成比が高い。本章ではさらに深耕するだけの分析枠を用意はできていないが、世代や性別によって「さまざまな仕事」が持つ意味あいが異なることが考えられよう。

Ⅲ　製造業の地域間分業と職種

先進諸国における地域経済を考察するうえで、製造業は「花形選手」であったが、国際分業と産業構造の変化のもとでサービス産業に着目する重要性が論じられることが多くなった（加藤２０１１、徳井２０１８など）。日本では表２－１でみたように、第二次世界大戦後の高度経済成長期という比較的短い期間に他産業に比べての雇用が際立っていた。「さまざまな仕事がある」ことに関連させて就業の地理を検討するためには、対事業所サービスや医療・福祉サービスが重要なことは言うまでもない。ただし、経済の地理的状況は、「下絵に上塗りが加えられるだけでなく、新たに塗りかえられつつ」(長尾1996)変化していくことから、「花形」の称号は過去のものとなりつつも、第二次世界大戦後の日本に大きな就業機会をうみだしてきた製造業を追跡する価値は依然として大きいものがあろう。また、地域間の賃金格差の縮小(浦川2009)や正規雇用率の上昇(橘木2017)など、地域格差の縮小に貢献する地域経済への効果の大きさへの期待がある。

2000年代の10年間に製造業雇用者数が大きく縮小したアメリカ合衆国における「雇用の地理」とトランプ政権誕生をはじめとした政治経済状況をみても、先進国において社会変化を捉えるうえで製造業を研究する価値は高いと考えられる(長尾2017)。

古典的な経済立地論は単独の事業所を前提として理論を構築してきた。現代では多数の事業所を有して生産活動を行う企業が増えてきている。それゆえ、生産と管理それぞれの階層性に着目して空間的な分業を捉えていく必要がある(Massey 1995、木村1990、北川2005、松原2012)。管理部門と生産部門が同一地域に展開する「局地集中型」が卓越していた時代には、産業部門ごとの地域展開が表れる地域間の産業構造の差が就業機会に大きく影響を与えていた。製造業とりわけ電気機械産業は、大都市圏に本社、研究所、主力工場などを立地し地方には分工場を中心に展開する「部分工程型」を核とする地域間分業体系を構築してきた。

分業体系の変化や複雑化は職種の地理的分布と連動しており、長尾(1996)では1970

図２－１　従業地ベースでみた都道府県別製造業就業者数（2015年）とその減少率（1990年～2015年）

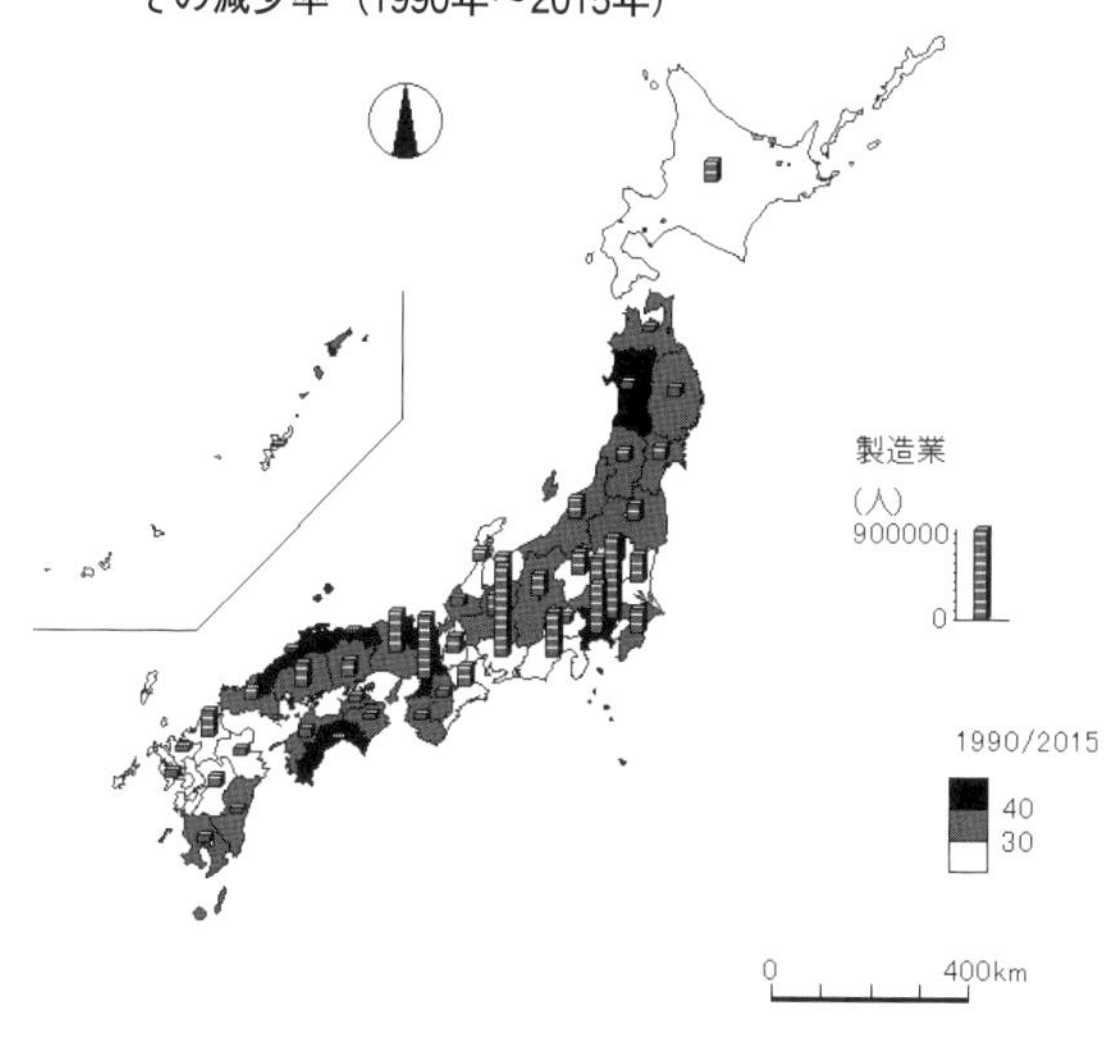

年から１９９０年における製造業の職種別雇用変化について拡張シフトシェア分析を用いて分析した。そこで得た知見は、階層的な立地体系を基軸としていたとはいえ、専門職や事務職に関わる就業機会を三大都市圏以外の地域でも生み出し、製造業の地方分散は一定の「さまざまな仕事がある」ことに貢献してきたことである。この知見を活かしつつ、本節では１９９０年から２０１５年の変化を検討したい。１９９９年と２０１１年に職業分類の改訂が行われており、時系列的な分析法を用いた接近は難しいが得られるデータをもとに素描していきたい。

国勢調査によるデータを用いてみると、対象期間となる１９９０年からの25年に日本の製造業の雇用は３分の１強が失われたことになる。図２－１は減少比率を都道府県別に示したものである。当該期間において、すべての都道府県で減少となっている。大きな減少を示すのは、東京と大阪を中心とする大都市圏と山陰の鳥取県・島根県などの縁辺地域である。製造業の地方分散が比較的進まなかった地域においての減少は、製造業を雇用の柱とすることが厳しく「ネガティブなサービス経済化」が進む可能性が高くなる（加藤・鍬塚２０１０、加藤２０１９）。

図２−２から図２−５は、２０１５年の産業別職業別データに基づき「さまざまな仕事がある」ことの鍵となる製造業における管理的職業従事者、専門的・技術的職業従事者、事務従事者の分布を生産工程従事者とともに示したものである。

地図を通して、管理的職業従事者数は東京を頂点とする国内都市システムとの関わり（阿部２００４、２０１５）、専門的・技術的従事者数は大都市圏や太平洋ベルト地帯（特に東側）との関わりの強さを示唆するものである。生産工程従事者は「地方分散」に伴い「全国」にというわけではないが地方にも一定展開し仕事の機会をつくってきた。

職種別の立地係数を北海道、東北地方、関東地方について示した表２−７からは、製造業雇用の地域分化の傾向がより明瞭に読み取れる。東京都は管理拠点の様相を強め、神奈川県は研究開発拠点の集積もあり専門的・技術的職業従事者数が高い係数を示している。両県とも生産機能の拠点としての色彩は薄れている。茨城県と栃木県は専門的・技術的職業従事者数の立地係数が1を越えており、北関東と北東北の差異は「地方」を一括に論じられない状況を示すも

図２－２　都道府県別の管理的職業従事者数

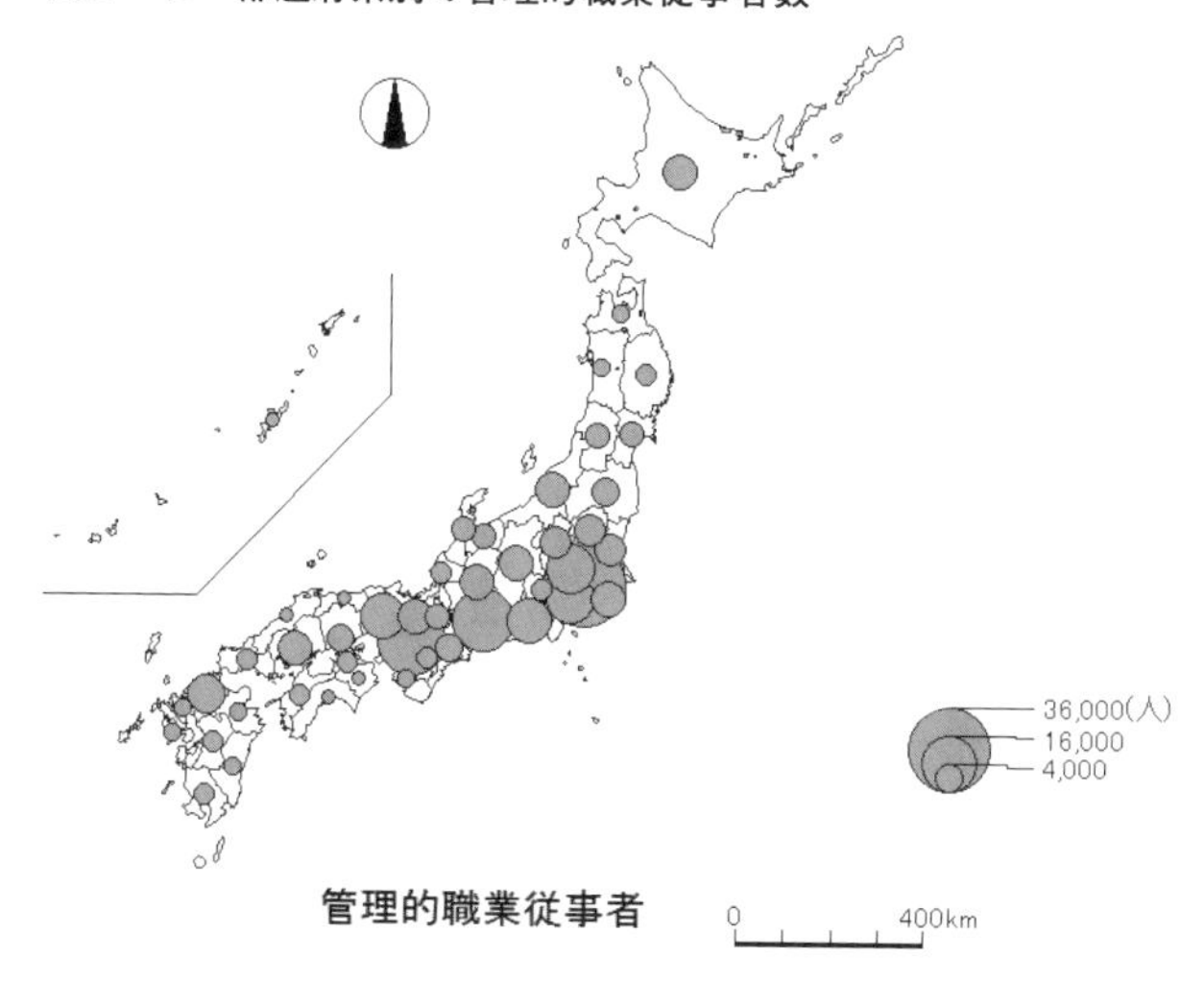

図２－３　都道府県別の専門的・技術的従事者数

図２－４　都道府県別の事務従事者数

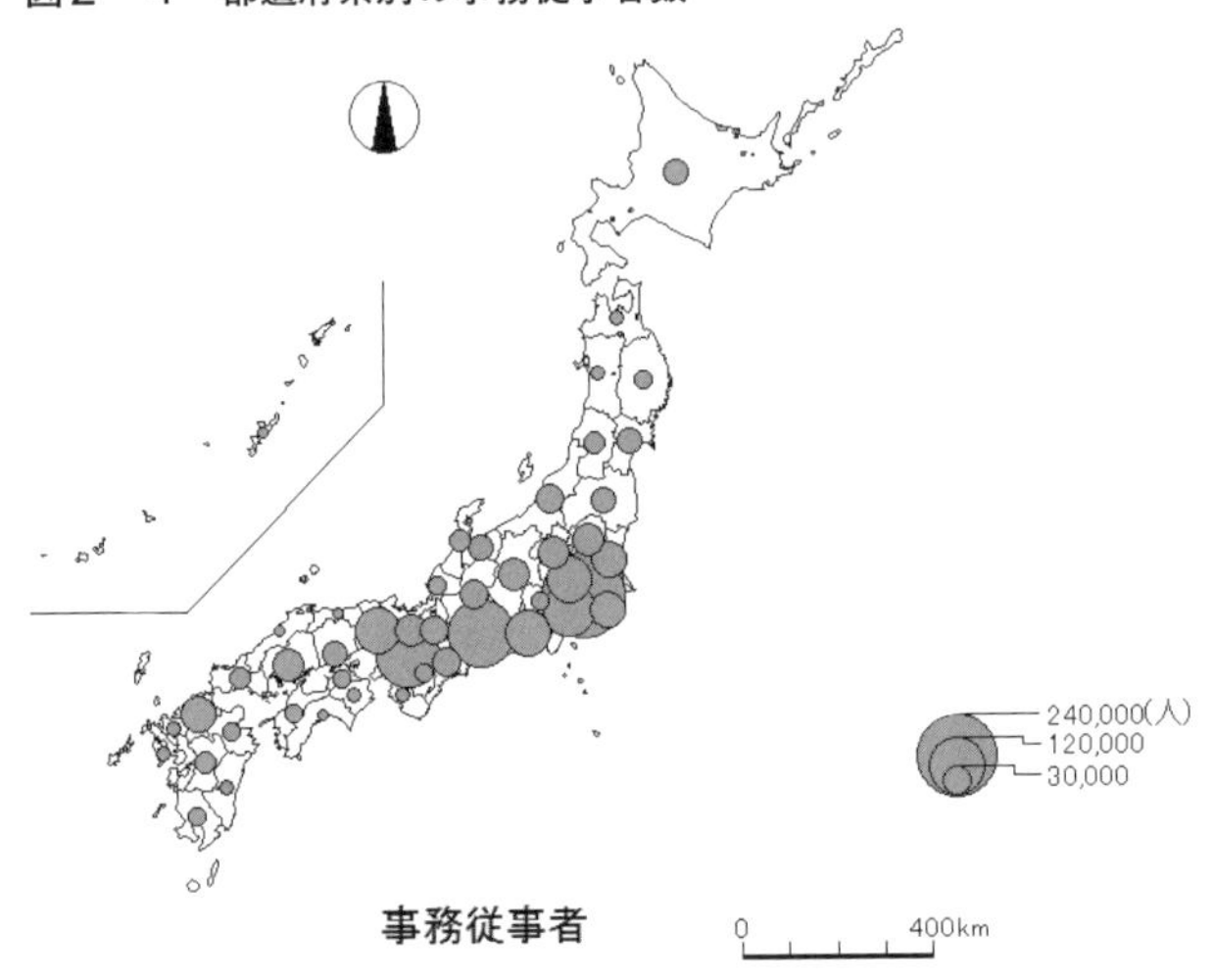

図２－５　都道府県別の生産工程従事者数

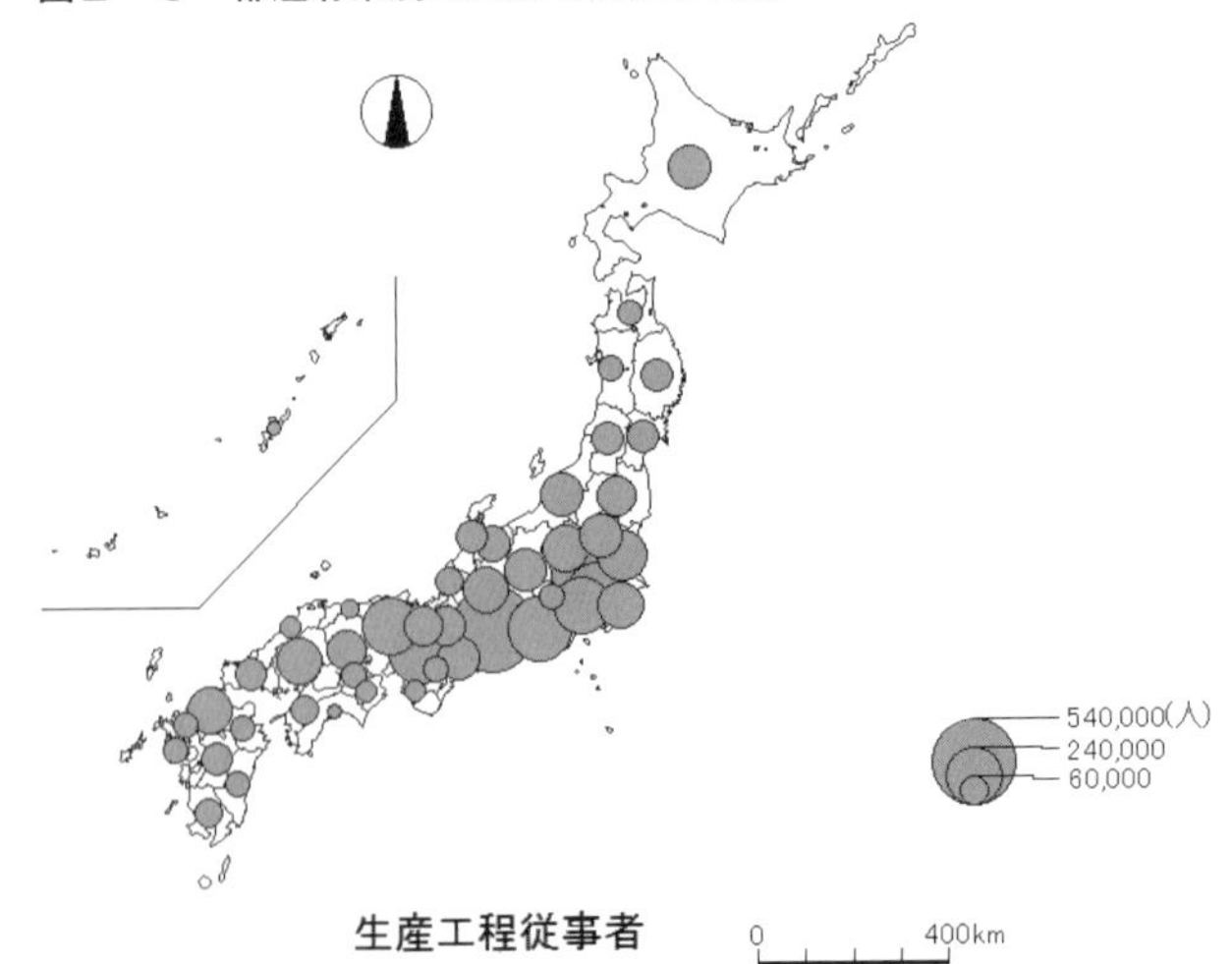

表２－７　都道府県別の職種別就業人口の立地係数（北海道、東北地方、関東地方）

	管理的	専門的・技術的	事務	生産工程
北海道	1.19	0.34	0.70	1.10
青森県	0.79	0.39	0.66	1.20
岩手県	0.85	0.46	0.66	1.22
宮城県	0.95	0.72	0.91	1.05
秋田県	0.96	0.53	0.65	1.23
山形県	0.97	0.61	0.72	1.21
福島県	0.82	0.63	0.75	1.20
茨城県	0.67	1.09	0.88	1.08
栃木県	0.75	1.04	0.86	1.09
群馬県	0.82	0.82	0.81	1.14
埼玉県	1.01	0.83	0.93	1.04
千葉県	0.91	0.95	0.92	1.01
東京都	1.63	1.46	1.86	0.51
神奈川県	0.93	2.16	1.18	0.81

出典）国勢調査より作成。

のである。製造業のみにおいても「さまざまな仕事」の機会を提供してきたが、地域分化の傾向はより「特化した仕事」を提供することとなろう。

Ⅳ　雇用と地域経済
―むすびにかえて

就業は生活の軸となるとともに、ライフコースの選択可能性（中澤２０１５、長尾２０１６）を大きく左右する。高度経済成長期における大都市圏での製造業はさまざまな層に雇用機会を生み出した。その後、国内での製造業の分散立地が進み、生産工程に関わる業務を中心とするが末端的な業務だけではない仕事が地方においても創出されてきた。

産業構造と職業構造からみて、規模においても構成においても東京圏が「さまざまな仕事がある」ことに卓越した地域である。「水準」の格差だけでなく経済活動の集中による「規模」の格差（豊田２０１５）が雇用面においても観察される。

製造業雇用は生産工程の地方展開とともに一定の「さまざまな仕事」の就業機会を地方に提供してきた。しかし、地方分散は「隅々まで」浸透したわけではなく、かつ縁辺部では雇用の減少が大きい。職種別にみた場合、「さまざまな仕事」よりも「特定の仕事」ごとに地域分化していく傾向がみられる。大都市圏中心部では、製造業の事業所は多数立地しているが生産現場は少なくなる。生産現場とともに「さまざまな仕事」が継続する可能性を持つのは大都市圏外延部であろうか。

地方の地域経済の振興にあたり、生産性の向上が議論されることが多い。日本では比較的低賃金の労働集約型部門が地方展開したこともあり、そうした問題意識が強い。しかし、先進国では生産性高く資本集約型になれば雇用への効果は小さく、また外国を含む他地域への立地可動性を高めやすい（Glaeser 2013）。労働生産性は低い数値でることもあるが、アイデアと手間をかける労働集約的活動に着目しておく必要もあろう。

参考文献

阿部和俊［２００４］、「都市の盛衰と都市システムの変容」阿部和俊・山﨑朗編『変貌する日本のすがた―

地域構造と地域政策』古今書院
阿部和俊［２０１５］、「経済的中枢管理機能からみた日本の主要都市と都市システム（２０１０年）」『季刊地理学』67巻３号
阿部誠［２０１７］、「地方圏の若者はどのようなキャリアを歩んでいるのか」石井まこと・宮本みち子・阿部誠編『地方に生きる若者たち－インタビューからみえてくる仕事・結婚・暮らしのみらい』旬報社。
浦川邦夫［２００９］、「地域間賃金格差の要因と格差縮小政策」『経済学研究』76巻1号。
加藤幸治［２０１１］、『サービス経済化時代の地域構造』日本経済評論社
加藤幸治［２０１９］、「労働・雇用と人口集積との地理的関係」『地理』64巻11号
加藤幸治・鍬塚賢太郎［２０１０］、「日本の産業地図２００５」『地図中心』４５８号
川島哲郎［１９７６］、「地域政策からみた産業構造の転換」川島哲郎・西口直治郎編『産業構造転換の諸条件』大阪市立大学経済学会研究叢書６
北川博史［２００５］、『日本工業地域論－グローバル化と空洞化の時代－』海青社。
木村琢郎［１９９０］、「わが国の工業における生産機能の地域分化」西岡久雄・松橋公治編『産業空間のダイナミクス』大明堂
橘木俊詔・浦川邦夫［２０１２］、『日本の地域間格差－東京一極集中型から八ヶ岳方式へ－』日本評論社
橘木俊詔監修、造事務所著［２０１７］、『都道府県格差』日本経済新聞社
徳井丞次編［２０１８］、『日本の地域別生産性と格差－R-JIPデータベースによる産業分析－』東京大学出版会
豊田哲也［２０１５］、「人口減少社会における地域格差問題のジレンマ」『地域開発』６０９号

中澤高志［２０１５］、「若者のライフコースからみた大都市圏と地方圏をめぐる地域格差の輻輳」『地域経済学研究』第29号

中澤高志［２０１９］、『住まいと仕事の地理学』旬報社

中川聡史［２００５］、「東京圏をめぐる近年の人口移動―高学歴者と女性の選択的集中―」『国民経済雑誌』第１９１巻第５号

長尾謙吉［１９９６］、「製造業における雇用成長の地域差―拡張シフトシェア分析を用いて―」『地理学評論』69巻5号

長尾謙吉［２０１６］、「就業機会をめぐる地域格差」『地理』60巻1号

長尾謙吉［２０１７］、「アメリカ合衆国における産業構造の変化と地理的諸相」『地理月報』５５０号

増田寛也［２０１５］、「主役は市町村、総合戦略への四つの視点」『中央公論』２０１５年2月号

松原宏［２０１２］、「工業立地の基礎理論」松原宏編『産業立地と地域経済』放送大学教育振興会

Glaeser, Edward [2013], 'A Review of Enrico Moretti's "The New Geography of Jobs"', *Journal of Economic Literature*, Vol. 51 No.3.

Massey, Dorren [1995], *Spatial Divisions of Labor: Social Structures and the Geography of Production, 2nd edition*, Routeledge. 富樫幸一・松橋公治訳［２０００］、『空間的分業―イギリス経済社会のリストラクチャリング―』古今書院

Moretti, Enrico [2012], *The New Geography of Jobs*, Houghton Mifflin Hartcourt. エンリコ・モレッティ著、池村千秋訳 [2014]、『年収は「住むところ」で決まる―雇用とイノベーションの都市経済学』プレジデント社

World Bank [2008], *World Development Report 2009: Reshaping Economic Geography*. 世界銀行著、田村勝省訳［２００８］、『世界開発報告 ２００９ 変わりつつある世界経済地理』一灯舎

第3章　東北地方中山間地における貧困と住民の意識
―地域生活の困難と社会サービスの関係に注目して

小池　隆生

Ⅰ　はじめに

Ⅰ―1　分裂する暮らしと生命（いのち）

Lifeという言葉が指し示すように、生命（いのち）と暮らし（生活）とは密接な関係にある。それゆえに、暮らしを維持することが困難になるという場合、そこには人が置かれている状況に応じた切迫の程度に差こそあれ、その行き着く先には生命維持の困難がある。しかし、生活困難に対する制度に焦点を合わせると、生命（いのち）を保障することと、暮らしを保障することとの間に隔たりがある、というよりもむしろ両者が切断されているといわざるを得ない現実がある。

わずかな例を挙げるだけで十分かもしれない。日本で経済格差の拡大してきた２０００年代以降は、同時に国内の貧困が深刻化した時期でもある。さかのぼれば２０００年代半ば、困窮の末におにぎりを食べたいとノートに書き残し餓死した状態で住人が発見された「門司餓死事件」があった。さらに近年では、公営住宅の家賃支払いの困難がきっかけとなり生じた「銚子母子心中事件」など、人々の命が絶たれる以前に機能すべき暮らしの保障に穴が開くことにより、そこに落ち込む者が生命の危機にさらされ、また実際それを剥奪されてきたのである[(1)]。

当然のことながら、いのちの保障は、緊急を要する対応を始めとして対症的には医療が、また予防的には保健医療ならびに介護保障や障害者福祉等の福祉政策も対応する。その一方で、生活保護制度は、所得の保障のみならず介護保障や医療保障を、また保障の水準は決して十分ではないものの居住保障をも含む社会サービスであり、暮らしのみならずいのちの保障をも一手に担う「フルサービス」として存在し「最後のセーフティネット」と言われてきた。しかし、本来であれば利用できるはずの人が利用していない可能性を、複数なされてきた補足率の推計結果が示唆しているとおり（利用できるはずの低所得層のうち、7～8割もの大多数が生活保護を利用できていないことが推定されている）、生活保護制度の利用は事実として抑制されてきたのである。私たちの暮らす日本社会では、生活保護制度利用の抑制に象徴されるように、本来享受できるはずの暮らしの保障が全うされていない。

日本社会で近年生じてきたことは、暮らしの保障の機能不全が、人々の将来不安をかき立てるか、あるいは生きる望みを奪うことによって、そもそもいのちの保障にその出る幕すら与えないかのような過酷な現実である。この社会で暮らす人々の無視し得ない部分が経験している現実、すなわち、いのちと暮らしをそれぞれ保障する制度の不整合により、分かちがたいはずのそれぞれの life は分裂し断絶をみているのである。(2)

Ⅰ−２　暮らしの保障が機能しない背景

生活保護制度の利用抑制が生じる背景には、近年の「自己責任論」があることを指摘しなければならない。結果の如何に関わらず「自己責任」を人々に求める「空気」が拡がり行き渡った社会では、低所得や貧困といった不遇も本人の甲斐性の無さに帰責するものの見方が、人々に暮らしを保障する社会サービスへの利用をためらわせることにつながっている。そして、近年の日本社会では「自己責任」を容認する人々が多いことが指摘されている。橋本健二は近著『新・日本の階級社会』で、「自己責任論」が富裕層のみならず貧困層にまで浸透し多数派を形成していることを、２０１５年のＳＳＭ調査結果から明らかにしている。(3)

さらに、日本における唯一の「最低生活保障」制度であるにも関わらず、生活保護制度が必ずしも暮らしの「最低限」を保障するとは限らないことが、貧困を自己責任として捉える風潮にさおさすことへ繋がりかねない。その理由として最も大きいのが、生活保護制度の最低生活水準と最低賃金制度の水準が連動してこなかったことである。これが故に、日本社会では生活の最低限（ミニマム）が一体どこにあるのか分からない状態が長らく放置され続けてきた。それゆえ、自活するにはあまりにも不十分な地域最低賃金水準で身を立てざるを得なかった人々

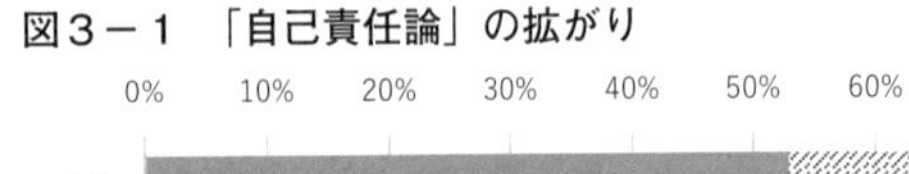
図3－1　「自己責任論」の拡がり

出所　橋本健二『新・日本の階級社会』（2018）p. 44. 図表1－11

を含みつつ[4]、ワーキングプアが無視し得ない規模で存在する現在、それが唯一無二の「最低生活保障」であることで、生活保護制度が「かえって浮いてしまう」歪（いびつ）な構造がある。

困窮し尽くしてようやくたどり着けたとしても、利用する際には「身ぐるみはがされる」かのような生活保護制度の一面については、制度の利用抑制につながるものとしてこれまでも指摘がなされてきた。それと同時に、困窮者にとって利用可能な社会サービスが希少であるか、もしくは不在である一方、「フルサービス」の生活保護制度のみが存在する不均衡が問題なのである。この事態を指して、生活保護制度はあたかも「絶海に浮かぶ孤島」であるかのようにも喩えられてきた。[5] したがって、困窮者にとっての公的な生活保障がそれだけしかなく、ひと度利用できるとなると「フルサービス」を享受できる一方で、利用できるはずの人々の内、実際に利用している者が2～3割に限定されていることは、困窮している多くの人々にとって、生活保護制度が否定的に受け止められる可能性を生じさせてしまう。「自己責任論」を貧困層が容認する今日の状況や、生活保護制度を中心として暮らしの保障に関わる社会サービスがいびつに配置されている現状を前提とすれば、２０１０年代前半に「生活保護バッシング」が時の政権を震源として生じた時、[6] 困窮した人々の中にもバッシングを支持する人が出たであろうことは推して理解できる。

しかし、人々が暮らしを営む具体的な場所や地域に、生活保護制度だけではなく、暮らしや生命（いのち）の保障を全うする多様な条件が整備されていれば、生活保護制度の利用を人々にためらわせる「空気」が薄まる可能性がある。暮らしの保障を支える利用可能な社会サービスが稀少ないし不在である一方、存在するのは生活保護制度のみという不均衡が緩和され、やがては解消されることにより、剥き出しの「自己責任論」によって人々の暮らしが覆いつくされることを防ぐことは可能ではなかろうか。

Ⅰ－３　本章の課題と調査対象地域

以上の問題意識をもとに、本章では地域に存在する社会サービスと貧困の関係を考察する手がかりとして、地域ごとに異なって存在する暮らしと生命（いのち）を支える条件に当該地域における貧困の有り様がどのように影響を受けているのか住民の意識を手がかりに検討する。その際、筆者がこれまで調査を行ってきた東北地方の中山間地である二つの自治体を取り上げたい。すなわち、岩手県の岩泉町と西和賀町である。

後述するが、両者は岩手県内でそれぞれ生活保護率の高低の両極を構成しており、また生活保護制度とは別に自治体が独自に営む社会サービスの有無という点でも対照をなしている。まさに福祉政策に関わる自治体に固有の条件を前提に、住民の意識に注目して立論を進めていく上で、両者は有効な比較対象と考えられるのである。

Ⅱ　中山間地における暮らしと貧困

Ⅱ－1　岩手県岩泉町と西和賀町の暮らしと福祉政策

①　岩泉・西和賀両町の概況

岩泉町および西和賀町は、岩手県内を東西南北でみると前者が東部、比較的に北寄りであるのに対して、後者は県内西部でやや南寄りに位置している。岩泉町は北上山地に貫かれた地勢であり、県都・盛岡市とも接しつつ東端は太平洋に面している。南側に接する宮古市は、近在している同町内住民の生活圏であり、同様に盛岡市もまた同町内近在住民の生活圏となっている。西和賀町は秋田県境に位置し、奥羽山脈からの湿った雪雲が豪雪をもたらす。東隣の北上市、ならびに隣接する秋田県の横手市も住民の生活圏である。

地域の経済水準を表す市町村民所得（市町村内住民と企業の所得の合計）を１人あたりでみると、２０１６年では盛岡市３０８万７０００円に対して、岩泉町２４２万４０００円、西和賀町２２７万２０００円となっており、岩泉町、西和賀町ともに県内市町村平均２７３万７０００円を下回っている。(7)

図３－２　岩手県地図

ところで、岩泉町が近年の市町村合併を経ていない自治体であるのに対し、西和賀町は、当時の沢内村と湯田町が２００５年の「平成の大合併」により誕生した「新生自治体」である。このことは地域間比較をする上で留意すべき重要な点を構成している。というのも、旧沢内村では他と異なる福祉政策が展開した

表３－１　地域別にみた性別、高齢化率、独居率

	性別（度数）男	女	性比	性比（国勢調査）	高齢化率	高齢化率（国勢調査）	独居率	単独世帯比率（国勢調査）
岩泉町	92	127	72.4	94.7	38.2%	40.7%	11.4%	34.3%
西和賀町	91	116	78.4	86.9	46.3%	46.9%	14.4%	26.3%
旧沢内村	36	55	65.4	88.9	49.5%	46.2%	12.1%	–
旧湯田町	55	61	90.1	84.9	44.0%	47.6%	15.5%	–
岩泉・西和賀 計	183	243	75.3	–	42.3%	–	12.6%	–

経緯があり、福祉サービス利用に関する意識などは同じ町内住民間でも異なることが想定されるからである。

②　両自治体住民の属性

以下では、岩泉町および西和賀町において、２０１７年11月から12月にかけて佐藤嘉夫ならびに浜岡政好と筆者が両町住民に対して実施した、岩泉町および西和賀町住民の「生活意識調査」結果をもとにみていこう(8)。

表３－１は、地域別に見た本調査回答者の基本属性と国勢調査(２０１５年)結果とを対比させたものである。男女比でみると、国勢調査結果よりも回答者の女性比率が旧湯田町を除いて高い。

その一方で、65才以上人口を表す高齢化率は国勢調査結果におおむね近接しているが、旧沢内村の高齢化率が本調査結果においては高い。岩手県で最も高齢化率が高いのが西和賀町であり、国勢調査結果から死亡や移動の影響を除くと49・3％である（人口移動報告年報をもとにした２０１８年の岩手県公表数値）。岩泉町においては、旧沢内村よりも若年の回答者割合が高い結果となっている（図３－３）。また本調査では、ひとり暮らしをする住民の全体に占める割合を「独居率」として、国勢調査結果の単

図３－３　地域別年齢分布（%）

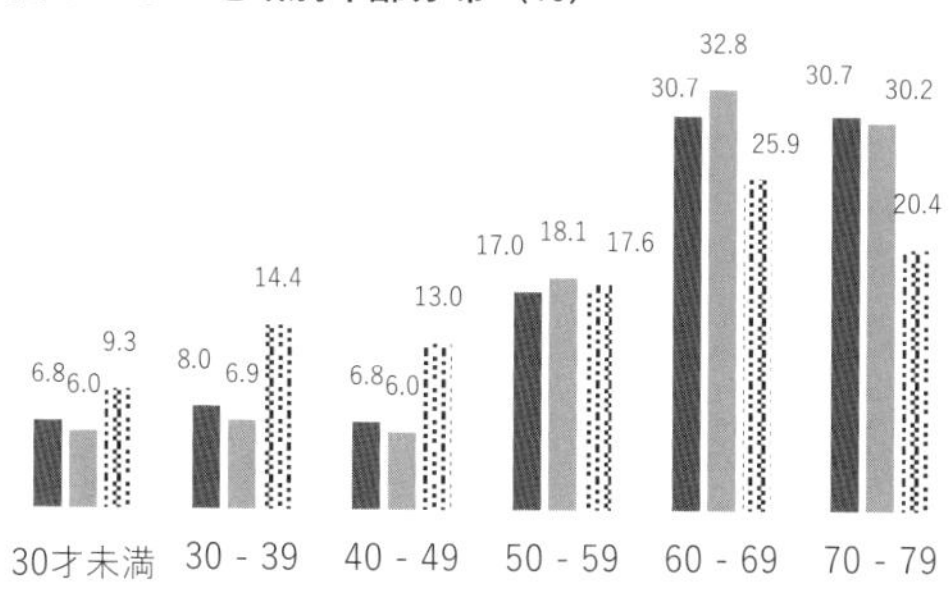

独世帯比率と比較した。本調査における独居者の出現率は国勢調査結果よりも低い。

本調査回答者の最終学歴および就業状況の地域別分布は表３－２の通りである。学歴でみると中学校卒業と回答した割合が他の二地域と比べ岩泉町に多く、短大・専門学校と回答した割合が旧沢内村に多くみられる。さらに就業状況では、正規職員比率が３割強で最も高いのが岩泉町であり、次いで旧湯田町、旧沢内村の順となっている。「非正規職員」、「パート・アルバイト・日雇い」を合わせた「非正規雇用」比率は、３つの地域でいずれも２割弱であり、その差はほとんど見られない。

ところで高齢化率の高さを反映して、旧沢内村では３割強が「年金生活者」と回答し、岩泉町における同カテゴリーよりも13ポイント高く、旧村内で最も多いグループを形成している。旧湯田町でも年金生活者は正規職員と同じく25・7％で最多回答群を構成し、岩泉町でも正

表３－２　地域別学歴および就業状況（％）

最終学歴	岩泉町	旧沢内村	旧湯田町
中学校	32.6	26.7	27.0
高校	41.7	41.1	44.3
短大・専門学校	16.5	23.3	18.3
大学・大学院	9.2	7.8	7.8
計	100.0	100.0	100.0
就業状況			
農林業の自営業者	7.4	9.9	7.1
商業・工業・建設業の自営業者	7.4	3.3	6.2
家族従事者	5.5	4.4	2.7
会社経営者	0.9	—	0.9
正規職員	31.3	23.1	25.7
非正規職員	6.0	7.7	8.0
パート・アルバイト・日雇い	12.0	13.2	11.5
その他の有業者	0.5	1.1	1.8
主婦	9.2	5.5	7.1
年金生活者	17.1	30.8	25.7
無業者（学生）	2.8	1.1	3.5
計	100.0	100.0	100.0

規職員に次いで多いグループとなっている。さらに、農地を広く含む地域にも関わらず、「農林業の自営業者」は旧沢内村で１割弱、他の地域でも７％強との回答であった。他の就業グループにあっても周辺的に農林業に携わっている住民が存在していることは、これら地域の特徴から明らかである。しかし、核（コア）を形成しているであろう「農林業自営業者」が一割に満たない低率であったことは、高齢化の進行と引き替えに就農人口が近年急速に減少してきた到達としてみるべきであろう。

表３－３　地域別経済的生活実感（%）

	岩泉町	旧沢内村	旧湯田町
非常に苦しい	14.4	14.4	18.3
やや苦しい	51.9	50.0	53.0
ややゆとりがある	30.6	33.3	28.7
ゆとりがある	3.2	2.2	0.0
計	100.0	100.0	100.0

③　農家的暮らしを特徴づけるもの

調査対象地域における住民の家計は、その多くが農村型の暮らし方（農家的生活様式）に影響されてきたといえよう。農村的生活の特徴の一つに、農家暮らしの中で得られる現金収入の都市部との比較における不安定さ、かつ水準の低位性を挙げることができる。

地域住民の経済的生活実感を「日々のやりくり」として質問し、地域別に見た回答割合が表３－３の通りとなる。日々のやりくりが、「やや苦しい」と回答した人が３つの地域いずれにおいても五割強となっている。「非常に苦しい」と回答したひとが、岩泉町、旧沢内村でそれぞれ14・４％、旧湯田町において18・３％となった。それに対して、３割前後の人々が「ややゆとりがある」と回答している。

ところで、農家暮らしにおける経済基盤の脆弱さは、家族や親族網を通じて、また近隣との物のやりとりなど相互扶助を通じて「補強」されることになる。これらもまた農家的生活様式の側面である。

家族機能に関してみると、近年の日本社会で生じている単独世帯の増加は、その機能の衰えを表すものとして捉えられる。すでに表３－３で確認したとおり、本調査回答者のうち、独居である人の割合は、

表３－４　近隣・友人との物のやりとりや助けあい（%）

	岩泉町	旧沢内村	旧湯田町
よくする	18.8	23.3	20.5
まあよくする	44.0	43.3	47.0
あまりしない	31.7	31.1	27.4
まったくしない	5.5	2.2	5.1
計	100.0	100.0	100.0

旧湯田町で15・5%、岩泉町、旧沢内村で11～12%強である。しかし、国勢調査結果によると、岩泉町では34%強もが単独世帯であり、西和賀町全体でも26・3%存在しており、両町ともに決して少なくない。ただし両地域の単独世帯の無視し得ない存在が、そのまま孤立などの問題に繋がるというわけではない。たとえ単身で暮らしていても近隣とのもののやりとりなど、相互扶助的営みが当地の重要な生活条件となっているからである。表3－4の通り、質問では友人も含めて尋ねているが、3つの地域のいずれにおいても、「まあよくする」まで入れると、60%台後半～7割もの住民が「もののやりとりや助け合い」を行っている。それぞれの地域で相互扶助的営みが日常であることを示唆しており、農家的生活様式の特徴が強く見られる。

さらに、相互扶助的営みの有無が、経済的生活実感とどのように関連しているのか、それぞれの選択肢を4つから2つに再編してクロス集計を行った（表3－5）。やりとり／助け合いをする人で「苦しい」と「ゆとりがある」と回答した人の構成は、経済的生活実感の単純集計におけるそれにほぼ匹敵する。だが相互扶助的営みをしていない人で見ると、している人よりも苦しい割合、ゆとりがある割合がそれぞ

表３－５　やりとり／助け合いと生活実感のクロス集計表（%）

		N	やりくり苦しい	やりくりゆとりがある	
もののやりとり／助け合い	する	276	62.7	37.3	$\chi 2=4.106$
	しない	152	72.4	27.6	**

** p<.05

れ約10ポイント増減している。経済的に脆弱な基盤が共通であるにも関わらず、相互扶助的営みが無い人の方が、その脆弱さの穴埋め・補強を行い得ておらず、実感としての「苦しさ」に通じていると捉えるべきであろう。

ところで、生活改善に際して他の住民と「力をあわせているか」、いわば協同性の有無を尋ねる質問（表３－６）でも、「どちらかといえばしている」という回答割合が３地域とも住民の半分前後を占めたことは、地域内での「協同性／共同性」の高さとして捉えることができ、同時に地域成員であることの自覚の高さとともに、地域の「規制力」や「拘束性」の高さが示唆される（表３－７）。

④「ソーシャル・キャピタル」としての相互扶助と旧沢内村の福祉政策

農家的生活様式を特徴づける「相互扶助」は、岩泉町・西和賀町（旧沢内村ならびに旧湯田町）においてそれぞれの住民の多数が共通してそれを経験していることを確認したが、そこで認められるのが旧沢内村の住民が岩泉町など他と比べて相互扶助がより厚みを持っている可能性である。

相互扶助の一定の厚みや規範性の存在は、もちろん農村部であれば広く見られるものと考えられる。しかし、同じ中山間地の農村部でもある他地

表3－6　生活をよくするために普段から自分の力だけでなく皆と力をあわせているか（%）

	岩泉町	旧沢内村	旧湯田町
している	21.7	23.3	18.1
どちらかといえばしている	46.1	50.0	55.2
どちらかといえばしていない	25.8	22.2	22.4
していない	6.5	4.4	4.3
計	100.0	100.0	100.0

表3－7　地域メンバーシップおよび「規制力」（%）

地域一員という意識	岩泉町	旧沢内村	旧湯田町
している	35.2	41.6	30.8
どちらかといえばしている	39.3	40.4	46.2
どちらかといえばしていない	20.5	15.7	18.8
していない	5.0	2.2	4.3
計	100.0	100.0	100.0
自分の考えと地域全体の考え違う時			
地域の考えに従う	12.0	7.9	12.9
どちらかといえば地域の考えに従う	66.4	73.0	69.0
どちらかといえば自分の考えに従う	18.0	16.9	16.4
自分の考えに従う	3.7	2.2	1.7
計	100.0	100.0	100.0

域との比較を行うと、旧沢内村におけるそれらの相対的な強さはたんに地域の農村的性格によってのみ説明されるものとは考えにくい。そこで注目すべきは、旧沢内村で採用されてきた自治体独自の福祉政策と、それによって配置を見てきた自治体独自の社会サービスの存在である。

旧沢内村は、公衆衛生を改善し日本で初めて乳児死亡率をゼロにした経験や、1960年に始まった「老人医療無料化」（65才以上高齢者の国民健康保険10割給付、1961年からは60才以上ならびに1才未満の乳児にも拡大）を全国に先駆けて整備するなど、独自の福祉政策を実践し「生命尊重行政」として知られてきた。とくに高齢者の医療費助成は2005年の「平成の大合併」まで続き、合併後は助成水準を下げつつ、西和賀町の高齢者医療費助成制度として受け継がれている。

ところでこの「生命尊重行政」は、村独自の社会サービスを、水準も下げることなく合併に至るまで、およそ半世紀も継続させたことに留意すべきである。というのも、世の流れはすでにその継続を許さない方向にあったからである。1980年代の「臨調・行革」路線が国政の基本となり、社会保障・社会福祉の給付水準、社会サービス供給水準を、全般的に削減する方向が強まってきたことは周知の通りである。

そのような「逆風」を受けながらも、旧沢内村は自治体独自の社会サービス水準を維持したのである。そこには住民への社会教育を通じて「生命尊重行政」を維持する取り組みの伝統も手伝い、住民の日常的な自治へのコミットが可能となるような様々な営みを通じて構築された、ある種の社会関係資本の厚みが存在してきた。そのようなソーシャル・キャピタルの厚みは、「逆風」が吹いても容易には村独自の医療費助成を手放さなかったことに影響したものと考えられる[9]。既述したとおり、旧沢内村住民にみられる「相互扶助」の相対的強さは、こうした戦後の自治体行政と住民の福祉参加の史的経緯に負うところも大きいであろう。

表3－8　岩泉町および西和賀町における生活保護の動向（平成28年度月平均）

	被保護人員	保護率
岩泉町	228	23.85‰
西和賀町	20	3.52‰

出所　岩手県地域福祉課「平成29年版 岩手県の生活保護」

⑤　岩泉・西和賀両町における社会サービス配置の差

翻って、岩泉町には西和賀町のような自治体独自の高齢者医療費助成制度は存在していないが、西和賀町と同じく償還払いを基本として、未就学児など主として子どもを対象とした医療費の一部助成制度が存在している。

ところで生活保護制度の利用状況でみると、岩泉町と西和賀町は対照をなしており、岩手県内で保護率の最も高い自治体が岩泉町である一方、西和賀町は県内自治体で保護率が最低である（表3－8）。岩泉、西和賀両町住民の暮らしと意識の調査結果が明らかにする通り、生活保護制度ならびに存在する社会サービスの配置状況の差は、それぞれの地域住民の生活困難に関する種々の意識に影響を及ぼしている。

以下では、保護率が岩手県内において最も高い岩泉町の貧困について、2000年代後半に筆者も携わった調査結果からその量的側面を紹介することにしよう。本章執筆時点でおよそ10年以上が経過しているが、依然として保護率が岩手県内最高位にある同町における生活困難の趨勢を把握する上で、引き続き有用なデータであると考えられる。

Ⅱ−２　岩泉町の貧困（２００７−２００８年）―その量的な把握

ここでは、２００７年〜08年に筆者も当時携わっていた岩手県立大学社会福祉学部「調査実習」を主体として実施した、「岩泉町の生活と福祉ニーズに関する調査」の結果から、同町における生活困難の量的側面をみておきたい[10]。

①　最低生活費に対する所得倍率からみた世帯の所得分布

まず、貧困の量的側面の把握のために、生活保護基準と実際の世帯所得の倍率を算定する方法を採用した。この方法を実施するために有効回答を得た４２９世帯について、各世帯の年間収入を仮説的に確定する作業をおこなった。実施した調査では、「１００万円未満」「１００〜２００万円未満」などの幅のある選択肢を用い質問をおこなったため、各世帯の実際の年間収入額との間にはズレが生じている。そこで、それぞれの収入の幅について「１００万円未満」という収入の世帯では、「80万円」をその世帯収入とし、以下「１００万円〜２００万円未満」では「１５０万円」という具合に、収入幅の真中の金額を世帯収入として操作的に定義した。

次に、世帯員情報（年齢その他）に基づき、生活保護制度が定める最低生活費の世帯ごとの算定を、収入金額が「不明」の55世帯を除いた３７４世帯について実施した。算定のため、世帯ごとに当時の級地にもとづく生活扶助（Ⅰ・Ⅱ類）を冬季加算や期末加算も含めて計算し、母子加算（ただしサンプルには母子世帯が含まれなかったため加算せず）、障害加算、児童養

表３－９　最低生活費に対する所得の倍率

倍率	実数	比率
1.0 倍未満	146	39.0
1.0 倍 - 1.4 倍未満	75	20.1
1.4 倍 - 2.0 倍未満	64	17.1
2.0 倍 - 3.0 倍未満	53	14.2
3.0 倍以上	36	9.6
合計	374	100.0

育手当、そして教育扶助を加えた。さらに住宅扶助については、特別基準額2万5千円に、岩手県岩泉町における調査時直近の国勢調査から割り出した民営借家率（11・3％）を乗じた金額を上乗せし計算した。また、就労している世帯員ごとに基礎控除や特別控除も算定しそれらを上記の金額に加味し年間の最低生活費として算出した。

調査対象世帯のうち、所得金額について有効回答を得た374世帯の最低生活費からみた所得の倍率は、表３－９の通りである。１・０倍に満たない（＝生活保護基準に達していない）世帯が１４６世帯、39％存在し、社会福祉協議会の貸し付けサービスである生活福祉資金の基準として一般的であった１・４倍未満層では、累積でほぼ6割の世帯が当てはまる結果となった[11]。また、２・０倍以上の世帯は、全体の25％弱を占めていた。

②　所得の組合せからみた所得分布

所得の組合せで見ると、１・０倍未満でも年金のみは35・6％に過ぎず、年金と雇用所得との組み合わせ15・８％を主に、

表３－10　最低生活費に対する所得の倍率と世帯所得のもっとも大きいもの（上段：実数、下段：横％）

倍率	所得構成 雇用所得のみ	農業所得のみ	事業所得のみ	年金のみ	その他	雇用所得+年金	農業所得+年金	事業所得+年金	農業・雇用所得+年金	年金+生活保護	年金+その他	他の組合せ	不明	合計
1.0倍未満	5	5	2	52	1	23	8	5	2	8	5	29	1	146
	3.4	3.4	1.4	35.6	0.7	15.8	5.5	3.4	1.4	5.5	3.4	19.9	0.7	100.0
1.0倍	12	-	3	15	2	17	2	4	-	-	3	16	1	75
-1.4倍未満	16.0	-	4.0	20.0	2.7	22.7	2.7	5.3	-	-	4.0	21.3	1.3	100.0
1.4倍	5	2	2	15	2	14	1	6	-	-	3	14	-	64
−2.0倍未満	7.8	3.1	3.1	23.4	3.1	21.9	1.6	9.4	-	-	4.7	21.9	-	100.0
2.0倍	3	-	2	11	2	12	1	2	4	-	4	12	-	53
−3.0倍未満	5.7	-	3.8	20.8	3.8	22.6	1.9	3.8	7.5	-	7.5	22.6	-	100.0
3.0倍以上	7	-	1	4	3	5	1	-	1	-	-	14	-	36
	19.4	-	2.8	11.1	8.3	13.9	2.8	-	2.8	-	-	38.9	-	100.0
合計	32	7	10	97	10	71	13	17	7	8	15	85	2	374
	8.6	1.9	2.7	25.9	2.7	19.0	3.5	4.5	1.9	2.1	4.0	22.7	1.5	100.0

多様な組み合わせに分布していることが分かる。低年金水準であるが故に、それだけやりくりをして様々な収入を組み合わせているといえる（表３－10）。

また、きわめてスタンダードな雇用所得と年金の組み合わせの世帯で見ると56・３％、雇用を含む全ての稼働所得と年金の組み合わせをトータルで見ても同じように56・５％の人が１・４倍未満という低水準にある。年金と稼動収入を組み合わせても低生活水準にあるのは、それらのいずれもが低額であるということである。岩泉町においては就労先が相対的に低い賃金部門に限られており、社会保障給付と合わせた二大所得源泉のいまひとつである雇用による収入も、また低いものであったことが考えられる。このことも、低額の年金とあわせて本調査の世帯収入を低く押し止めている要因を構成していた。

岩泉町における住民の暮らしは、産業基盤が脆弱ななかで雇用による稼働収入が限られ、他方、低額の国民年金給付をはじめとする社会保障給付の不十分さもあいまってその水準が低いままに押しとどめてられてきた。岩手県内で最も生活保護を受給する人が多いことの根拠が、岩泉町の暮らしの経済的困難に厳然として存在することを量的に把握できる。

次節では、岩手県内で最も高い生活保護率にある岩泉町住民が貧困をどのように捉えているのか、逆に保護率が県内で最も低い西和賀町住民の意識と比較することでその対象化を行う。先取りして述べるならば、両町住民の生活困難に対する受け止めの違いは、社会サービスの配置のなされ方に関係しているものと考えられるのである。

Ⅲ 貧困を地域住民はどのように「観ている」のか

Ⅲ－1 「自己責任論」を支持する人々は誰か

貧困の原因を「個人」にみるのか「社会」にみるのかによって貧困に対する社会認識は異なり、前者は個人主義的貧困観と一般に呼ばれている。既出の橋本が述べる「自己責任論」もこれに相当する。2017年に実施した岩泉・西和賀両町住民に対する調査結果から、個人主義的貧困観を支持する人々の傾向を明らかにすると以下の通りである。

貧困の原因を個人に見るのか社会に見るのかに関して、属性別にクロス集計を行ったものが表3－11である。性別で見た場合1％有意であり、貧困の原因が「個人にある」という回答は、女性に比べて男性の方が5ポイント高く、「どちらかといえば社会にある」という回答におい

表３－11　貧困の原因は個人にあるか社会にあるか：属性別クロス集計結果（%）

全体	N	個人にある	どちらかといえば個人にある	どちらかといえば社会にある	社会にある	
男性	177	16.9	57.6	19.8	5.6	$\chi 2=13.582$
女性	230	11.3	58.7	29.1	0.9	***
20代	32	6.3	40.6	50.0	3.1	
30代	44	13.6	50.0	31.8	4.5	
40代	41	9.8	53.7	34.1	2.4	$\chi 2=27.95$
50代	72	15.3	54.2	26.4	4.2	**
60代	119	10.9	68.1	17.6	3.4	
70代	102	20.6	60.8	17.6	1.0	
中学校	124	21.5	57.9	17.4	3.3	
高校	178	11.9	61.6	23.2	3.4	$\chi 2=20.143$
短大･専門学校	76	10.4	48.1	39.0	2.6	**
大学･大学院	36	6.1	63.6	30.3	0.0	
経済的生活実感　非常に苦しい	64	18.8	43.8	23.4	14.1	
経済的生活実感　やや苦しい	209	10.5	59.3	28.7	1.4	$\chi 2=43.569$
経済的生活実感　ややゆとりがある	128	15.6	65.6	18.8	0.0	****
経済的生活実感　ゆとりがある	9	22.2	44.4	33.3	0.0	
物のやりとり・助け合い　よくする	83	24.1	55.4	20.5	0.0	
物のやりとり・助け合い　まあよくする	187	9.1	68.4	21.4	1.1	$\chi 2=48.128$
物のやりとり・助け合い　あまりしない	123	13.8	48.0	33.3	4.9	****
物のやりとり・助け合い　まったくしない	20	10.0	40.0	30.0	20.0	
岩泉町	213	15.0	56.8	23.9	4.2	$\chi 2=7.13$
旧沢内村	85	17.6	52.9	28.2	1.2	p=0.309
旧湯田町	110	9.1	64.5	24.5	1.8	

**** p<.001, *** p<.01, ** p<.05

て女性の方が男性よりも約10ポイント高い割合となっている。

また年代別および学歴別で見ると、それぞれ5%有意であった。年代別では、「個人にある」という回答が高齢者層に偏る傾向が明らかである。学歴別では「中学卒」と「大学・大学院卒以上」との間で、「個人」に貧困の原因を求めるのか、あるいは「社会」に求めるのかそれぞれの回答割合にはっきりとし

表3－12　貧困の原因を個人に見るか社会に見るかの二項ロジスティク回帰分析結果

	係数		標準誤差	オッズ比
(切片)	0.539		0.498	
岩泉町ダミー(ref.それ以外)	-0.026		0.267	0.974
旧沢内村ダミー(ref.それ以外)	-0.221		0.319	0.802
男性ダミー(ref.女性)	0.321		0.231	1.379
65才以上ダミー(ref.65才未満)	0.683	**	0.344	1.98
正規職(ref.正規職以外)	0.133		0.322	1.143
非正規ダミー(ref.それ以外)	-0.283		0.325	0.754
中学卒業ダミー(ref.それ以外)	0.134		0.307	1.143
4大以上卒ダミー(ref.それ以外)	-0.301		0.407	0.74
年金生活者ダミー(ref.それ以外)	-0.421		0.373	0.656
独居ダミー(ref.非独居)	0.269		0.362	1.308
持ち家ダミー(ref.非持ち家)	-0.003		0.307	0.997
「苦しい」ダミー(ref.それ以外)	-0.651	**	0.255	0.522
助け合いよくするダミー(ref.それ以外)	0.705	***	0.251	2.023
力合わせるダミー(ref.それ以外)	0.1		0.255	1.106
Nagelkerke R2 乗	0.109			
N	428			

***p<.01, **p<.05

た差を見て取ることができる。中学卒者がより個人に責任を見ている一方、大学・院卒者はより社会に責任を見ている結果となった。

経済的生活実感とのクロス分析によれば、「どちらかといえば個人にある」と回答した人が、やりくりが苦しい人よりもゆとりがある人の方が多く、「どちらかといえば社会にある」と回答した人は、やりくりが苦しいと回答している層に多い結果となっている。

また、農家的生活様式を特徴づける「もののやりとり／助け合い」については、「よくする」「まあよくする」と回答している層に、貧困の原因を「個人」にみている人が多く、「あまりしない」「全くしない」と回答した人が、原因を「社会」により多く見ている結果となった。このことは、四つある選択肢を二値変数に加工して実施したロジスティク回帰分析からも明らかとなった。

貧困の原因が個人にあるとした回答を規定する変数として、「助け合いよくするダミー」変数に注目すると、「もののやりとり／助け合い」をしている層が、していない層に比べてオッズ比で2倍となった。その他の変数では、65才以上の層が65才未満に対してオッズ比で2倍弱、経済実感が「苦しい」層は、そうでないグループに比して貧困の原因を個人に見ることに対しては負の効果がみられる（表3－12）。

Ⅲ－2　生活保護と権利性

①　生活保護に対する一般的権利性と個別的権利性

今回の調査では貧困認識に関わる項目として、生活保護制度の利用に際する「権利性」に焦点を合わせている。まず、利用に際する一般的な「権利性」について、「生活保護は困窮時に誰もが平等に受けられる権利であると思うか」として聞いている。本来は困窮しているのであれば、その一点において保護が開始されるというのが一般扶助主義であり、生活保護法によって認められた権利である。

困窮時に誰でも生活保護を受けられるかどうかについて、クロス集計においては統計的有意

表３－13　属性別「生活保護は困窮時に誰もが平等に受けられる権利」クロス集計結果（%）

全体	N	そう思う	どちらかといえばそう思う	どちらかといえばそう思わない	思わない	
男性	179	22.3	50.8	17.3	9.5	χ2=3.791
女性	236	20.3	44.1	24.2	11.4	p=0.285
20代	33	12.1	42.4	27.3	18.2	
30代	44	2.3	47.7	29.5	20.5	
40代	41	26.8	39.0	22.0	12.2	χ2=25.587
50代	72	25.0	50.0	15.3	9.7	*
60代	120	21.7	52.5	20.0	5.8	
70代	99	27.3	43.4	20.2	9.1	
農林業自営	32	25.0	50.0	18.8	6.3	
商工建自営	24	29.2	33.3	25.0	12.5	
家族従事者	19	15.8	47.4	21.1	15.8	
会社経営者	3	33.3	33.3	33.3	0.0	
正規職員	117	15.4	47.0	22.2	15.4	χ2=18.052
非正規職員	27	22.2	48.1	25.9	3.7	p=0.958
パート･アルバイト･日雇い	50	24.0	54.0	18.0	4.0	
その他有業者	4	25.0	50.0	25.0	0.0	
主婦	32	25.0	37.5	18.8	18.8	
年金生活者	90	21.1	47.8	20.0	11.1	
無業者･学生	11	27.3	54.5	18.2	0.0	
中学校	121	29.8	43.0	18.2	9.1	
高校	176	17.6	47.2	23.9	11.4	χ2=9.828
短大･専門学校	77	15.6	50.6	20.8	13.0	p=0.365
大学･大学院	34	26.5	47.1	14.7	11.8	
非常に苦しい	62	37.1	33.9	14.5	14.5	
やや苦しい	211	18.5	45.0	25.1	11.4	χ2=28.092
ややゆとりがある	127	14.2	57.5	18.9	9.4	****
ゆとりがある	9	55.6	22.2	22.2	0.0	
岩泉町	214	19.6	48.1	20.6	11.7	χ2=1.013
西和賀町	202	22.8	45.5	21.8	9.9	p=0.798

**** $p<.001$, * $p<.1$

表３－14　生活保護は平等に受けられる権利か否かの二項ロジスティク回帰分析結果

	係数		標準誤差	オッズ比
（切片）	0.401		0.356	
男性ダミー（ref.女性）	0.53	**	0.218	1.699
65才以上ダミー（ref.65才未満）	-0.247		0.31	0.781
正規職（ref.正規職以外）	-0.168		0.305	0.845
非正規ダミー（ref.それ以外）	0.423		0.323	1.527
4大以上卒ダミー（ref.それ以外）	0.254		0.406	1.289
年金生活者ダミー（ref.それ以外）	0.119		0.321	1.126
「苦しい」ダミー（ref.それ以外）	-0.433	*	0.234	0.649
助け合いよくするダミー（ref.それ以外）	0.42	*	0.226	1.522
Nagelkerke R2 乗	0.056			
N	428			

**p<.05, * p<.1

が確認できないものの、肯定する回答が男性に多く見られ、反対に否定的回答が女性に多く見られる（表３－13）。これはロジスティク回帰分析で見ても、生活保護受給に際する一般的権利性を容認するのは、女性よりも男性である場合に正の効果が見られることと一致している（表３－14）。

経済的生活実感とのクロス表を見ると、苦しいと回答している人に一般的な権利性の容認に対して否定的である人が若干多く見られ、ロジスティク回帰分析でも負の効果が見られることと一致している。また「もののやりとり／助け合い」に関するダミー変数に正の効果が見られることから、相互扶助的営みが日常である人々はそうでない人々よりも、生活保護制度に対する「一般的な権利性」を容認していると解釈できる。

表３－15　属性別：「困窮時に自分が生活保護を受けたいと思うか」クロス集計結果（%）

全体	N	受けたい	受けたくない	
男性	181	41.4	58.6	χ2=1.079
女性	236	36.4	63.6	p=0.299
20代	33	54.5	45.5	
30代	46	30.4	69.6	
40代	41	48.8	51.2	χ2=12.823
50代	74	41.9	58.1	**
60代	121	40.5	59.5	
70代	106	27.4	72.6	
農林業自営	32	34.4	65.6	
商工建自営	26	34.6	65.4	
家族従事者	18	38.9	61.1	
会社経営者	2	0.0	100.0	
正規職員	118	35.6	64.4	χ2=17.737
非正規職員	29	51.7	48.3	*
パート･アルバイト･日雇い	51	49.0	51.0	
その他有業者	4	25.0	75.0	
主婦	33	45.5	54.5	
年金生活者	91	27.5	72.5	
無業者･学生	11	72.7	27.3	
非常に苦しい	65	56.9	43.1	
やや苦しい	218	36.2	63.8	χ2=10.889
ややゆとりがある	129	34.1	65.9	**
ゆとりがある	9	44.4	55.6	
よくする	86	34.9	65.1	
まあよくする	190	34.7	65.3	χ2=7.236
あまりしない	129	44.2	55.8	*
まったくしない	20	60.0	40.0	
岩泉町	220	36.4	63.6	χ2=1.118
西和賀町	208	41.3	58.7	p=0.290

** p<.05, * p<.1

表３－16　自分が生活保護を受けたいと思うか否かの二項ロジスティク回帰分析結果

（※「受けたくない」をダミー変数として分析）

	係数		標準誤差	オッズ比
（切片）	0.34		0.363	
男性ダミー（ref.女性）	-0.285		0.213	0.752
65才以上ダミー（ref.65才未満）	0.344		0.261	1.411
正規職（ref.正規職以外）	0.228		0.312	1.255
非正規ダミー（ref.それ以外）	-0.589	*	0.305	0.555
主婦無業者ダミー（ref.それ以外）	-0.813	**	0.37	0.443
「苦しい」ダミー（ref.それ以外）	-0.274		0.221	0.76
助け合いよくするダミー（ref.それ以外）	0.458	**	0.22	1.581
岩泉町ダミー	0.258		0.206	1.294
Nagelkerke R2 乗	0.072			
N	428			

**p<.05, * p<.1

次に一般的な話しとしてではなく、いざ自分が生活保護を受給する必要のある、個別かつ具体的な場面に遭遇した場合はどうであろうか。「あなたはいざという時（生活に困った時）には生活保護を受けたいと思うか」という質問がそれに該当する。「受けたくない」をダミー変数としてロジスティク回帰分析をした結果（表３－16）、「受けたくない」という意識に対して、非正規職や主婦・無業者といったグループは、それ以外の職業グループに比べ負の効果を持っていることが分かる。さらに相互扶助を日常的に実践しているグループは、「受けたくない」という意識に対して正の効果を持っている。

表３－15のクロス集計結果で見ると、ロジスティク回帰分析の結果と整合して非正規職グループが他の職業グループよりも、困窮時

図３－４　「権利制限やむ無し」と地域の配置図

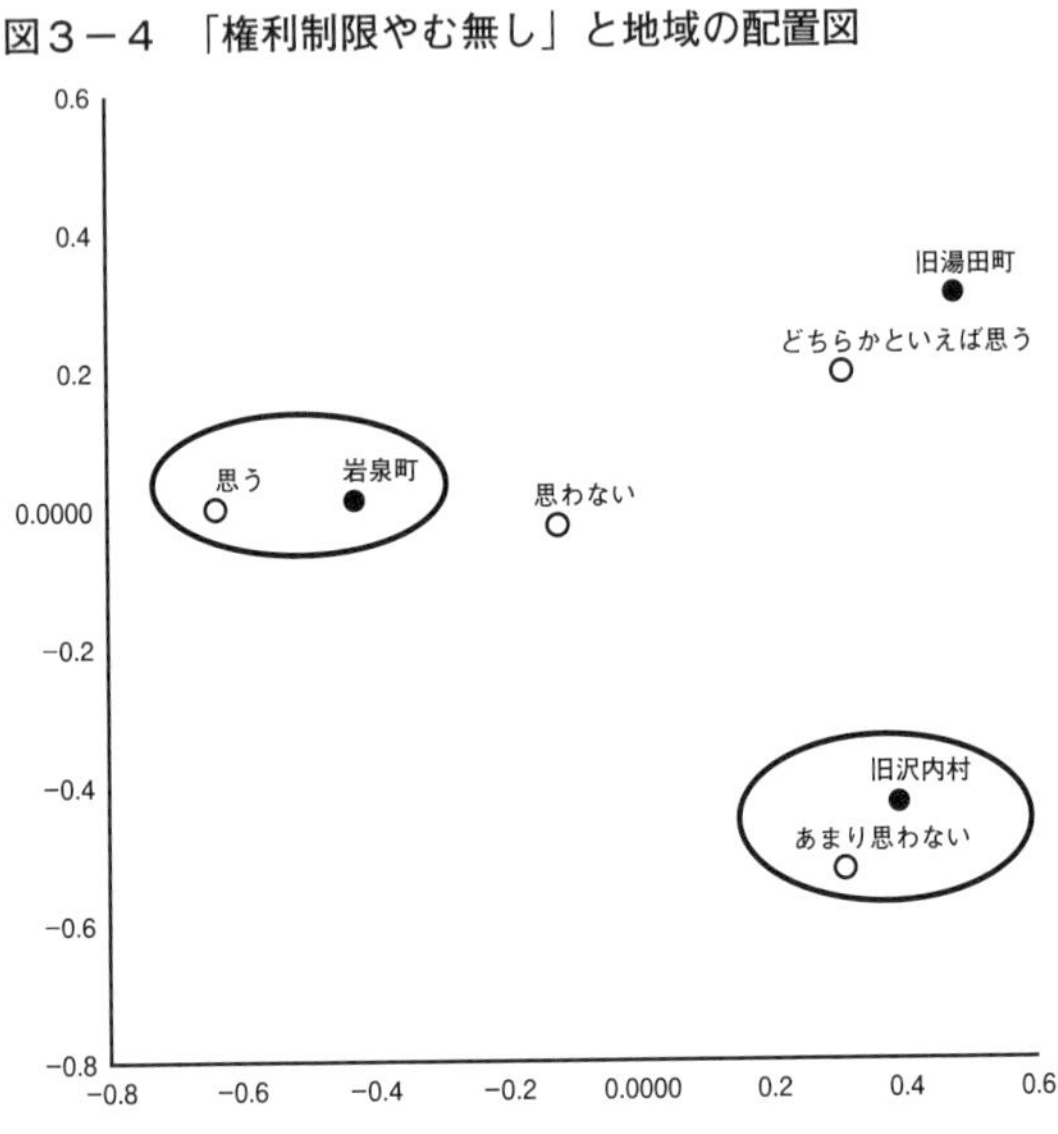

には生活保護を「受けたい」と回答する割合が高いことが示されている。経済的生活実感とのクロスにおいては、非常に苦しい層とゆとりがある層との間で回答の割合が対照をなしており、前者はいざという時に「受けたい」と回答している。よって、職業では非正規・無業者層、また経済的生活実感ではそれが厳しい人ほど、生活保護を受けることに対する抵抗感は低下していると捉えることができる。

②　地域差のある生活保護制度に対する「寛容さ」

統計的有意差は見られないが、保護率が県内自治体で最も高い岩泉町においては、「受けたくない」という回答の割合が西和賀町よりも高く、その反対に同保護率が県内で最も低い西和賀町では「受けたい」とする回答割合が岩泉町よりも高い結果となった。

また、生活保護の利用に際して生じうる「権利制限」を住民がどのように認識しているかについて地域差がみられた。「生活保護を受けている人が受けていない人より権利を制限されることはやむを得ないか」という質問への回答に生じた地域差を、コレスポンデンス分析による配置図で表したものが図３－４である。具体的に自分が受給することを想定せずに、一般的な問題として生活保護を受給することに際し、旧沢内村が、権利制限をやむを得ないとは「あまり思わない」に近接している一方、岩泉町はやむを得ないと「思う」に近接した位置にある。生活保護制度が本来担うのは「いのちと暮らし（＝生／生存）」の保障に対する権利、したがって「社会権」の一つである「生存権」保障（日本国憲法第25条）であったが、両町住民意識において、この「生存権」たる「社会権」に対する距離に対照がみられることを表している。

Ⅳ　まとめにかえて
―地域性を帯びた「住民像」と問われる「自己責任」の内実

調査結果に基づき、東北地方の中山間地を有する自治体住民の典型像が二通り想定される。すなわち、調査対象地域の多数派であった相互扶助的営みをしている人々がそれであり、そのような営みを含む暮らし方が当地の標準的な生活様式であることを考慮すると、貧困の原因を個人に見つつも、他の人が生活保護を利用することにはどちらかといえば寛容であり、しかし自分が受給することは拒否する「農家的生活者像」である。今ここで仮に「自立的生活者像」と呼んでおきたい。

今ひとつの典型は、同じ農村的暮らし方に身を置きつつも、諸事情に左右されながら相互扶助的営みから外れる中で、経済的生活実感がより厳しいと感じている住民たちに見られる。貧困の原因を社会に認める一方で、誰もが平等に生活保護を受けることには否定的であるが、いざ困窮した際には自らが受給することには肯定的である人々である。

そこで、岩泉町と西和賀町、とくに旧沢内村とこの住民像の関係を考えてみよう。当然両方の町にそれぞれの特徴を備えた人々が暮らしているであろう。しかし岩泉町では、生活保護制度を利用している人々が相対的に多いために、制度に対する住民の受け止めは必ずしも積極的なものではない。他方で、旧沢内村ではそもそも生活保護制度の利用者が比較的に少ないこともあって、制度に対する寛容さが相対的に高い。

ただし筆者は、同制度利用者数の差異のみをもって、同制度（＝生存権保障・社会権の物質的担保）に対する住民意識の違いを説明することは不十分ではないかと考えている。旧沢内村の地域特性ゆえに、同制度に「寛容」な態度をとる住民がいるのではないか。そのことに今一度焦点を合わせてみよう。

地域的には旧沢内村にその典型を見ることができそうな「自立的生活者」像は、農村部にポピュラーな相互扶助の営みが暮らしの条件として欠かせない人々である。ただし彼らは、一方では貧困の原因を「個人」にみるものの、しかし他方では、困窮した人々が生活保護制度を利用することには寛容なのである。このような「生活者像（＝人間像）」は、常識的な（リバタリアン的な）「自己責任論者」ではない（なぜなら、強烈な個人主義を前提として、あくまでもパーソナルなこととして境涯の帰責を個人に求めるのがリバタリアン的「自己責任論」であるのだから[12]）。

そこで、「自立的生活者像」の特徴たる相互扶助の内実に注目する必要がある。既述したように、旧沢内村では住民の自治と参加を発展させつつ医療費助成にみられる独自の福祉行政を維持させてきたことが背景となって、農村部一般の相互扶助にとどまらない、住民の「共同性」の厚みが時間をかけて醸成されてきた。旧沢内村に相対的にみられる「社会権」に寛容な人々とは、まさに生活の相互性や互助性を、「いのちと暮らし（＝生／生存）」に関わる公的基盤に支えられることによって保持してきた人々、したがって、公的基盤によって支えられることで（共同して）「自立」してきた人々でもある。よって、そのような人が持つ貧困観は、個人主義的貧困観の風情を持ちながらも「生活保護バッシング」に安易に繋がるようなものではない。

いのちと暮らしを保障する社会サービスが最低生活保障たる生活保護制度との関係でみてもバランスのとれたものとして整備されてきたとき、あるいはそのプロセスを通じて、剥き出しの「自己責任論」とは異なる社会認識が、地域の中でおそらく無視し得ない拡がりをもって住民に共有されるであろう。岩泉町と西和賀町との比較から得られる一つの示唆である。

注

（1）門司餓死事件については、藤藪・尾藤『生活保護「ヤミの北九州方式」を糾す―国のモデルとしての棄民政策』（2007年）、あけび書房、銚子母子心中事件については、井上他編『なぜ母親は娘を手にかけたのか―居住貧困と銚子市母子心中事件』（2016年）、旬報社に詳しい。
（2）本章の原稿を2019年に脱稿後、同年末より全世界で猛威を振るう新型コロナウイルスを巡る状況がある。「コロナ禍」における社会経済の有り様に鑑みると、さらに一層、いのちと暮らしが分かち難いものであることは明らかである。とくに、日本社会におけるいのちの軽視、経済の重視といわざるを得ない政策対応を前にして、このことを痛感せざるを得ない。
（3）橋本健二『新・日本の階級社会』（2018年）、講談社現代新書、p.44。
（4）2000年代以降、全国各地の地域ユニオン青年部等が最低賃金生活を「実証実験」し、ことごとく自活の不可能な水準であることを告発してきた。
（5）唐鎌直義『脱貧困の社会保障』（2012年）、旬報社。
（6）「週刊朝日」2012年7月20日、「生活保護、蔓延する「不正受給」は本当か　安田浩一VS.片山さつき、激論120分」
（7）岩手県地域政策部「平成28年度　岩手県市町村民経済計算の概要」同年度の県内市町村平均273万7000円、国民所得は308万7000円。http://www3.pref.iwate.jp/webdb/view/outside/s14Tokei/tokei（2019年5月5日アクセス）

（8）２０１７年調査のサンプリングは層化二段抽出法を用いた。各自治体内部における地域特性を網羅できるよう地区で層化し（岩泉町6地区、西和賀町7地区）、さらに住民票基本台帳から、人口の5％となるよう先に抽出した地区の20歳以上80歳未満の住民個人をサンプリングした。そして、自記式の調査票を郵送により配付・回収を行った結果、岩泉町においては有効回収率が59・9％となり、２２０名から回答を得た。また西和賀町では同61・1％、２０８名から回答を得た。

（9）とくに、１９８０年代の村立病院の赤字経営にも関わらず、国民健康保険医療の自己負担分を村が肩代わりする制度（10割給付）のあり方をめぐり、村民集会が開催される等、住民参加をおろそかにしない形で福祉行政が模索された。そうした様子は、ＮＨＫアーカイヴスに当時の様子が取材された番組をもとに「戦後史証言プロジェクト　日本人は何をめざしてきたのか　２０１５年度「未来への選択」第1回　高齢化社会～医療はどう向き合ってきたのか～」として観ることができる（２０２０年7月時点）。

（10）同調査は、住民票基本台帳から岩泉町4地区（大字単位）の40歳以上80歳未満の住人がいる７８６世帯を無作為に抽出し、構造化質問紙にもとづく訪問面接調査を行った。その結果４２９世帯（1、０４５名）から有効回答を得た。世帯類型や世帯人員の構成、さらに生活保護率で見ると、国勢調査結果や町勢要覧あるいは行政資料に示されているデータ等からの大きな乖離はなく、岩泉町の人口ならびに世帯構成全体から見たサンプルの代表性には妥当性があると考えられる。また、本データに基づく分析は、２００８年に開催された社会政策学会第１１７回大会にて佐藤嘉夫と共同で報告を行った。

（11）なお、専修大学大学院経済学研究科院生・木下愛加里の調べによると、岩泉町社会福祉協議会における同基準は、２００８年時点ですでに1・8倍が採用されている。本稿ではそれまで一般的であった

1・4倍基準で検討しているが、1・8倍という拡大基準に照らすと、「公式の」生活困難層が本稿で述べる以上に、より一層存在することが明らかである。

(12) 19世紀末から20世紀にかけて、イギリスの介入的自由主義立法から福祉国家の形成を準備した積極的自由主義（社会的自由主義）の「社会的責任」思想とリバタリアン的「自己責任」論（ネオ・リベラリズムとしての新自由主義）の対照に注目することは、自己責任論が猖獗を極めている現代日本社会における再分配の理路を構想するうえで、なお多くのヒントが存在するものと思われる。そして、現代社会の「通俗道徳」たる「能力主義」や「自己決定権」などの価値における「個人主義」の脱構築および「共同性」への注目については、さしあたり竹内章郎『いのちの平等論—現代の優生思想に抗して』（2005年）、岩波書店、および吉崎祥司『「自己責任論」をのりこえる—連帯と「社会的責任」の哲学』（2014年）、学習の友社。

第4章　地域社会と鉄道―小田急線と川崎市麻生区の開発

永江　雅和

はじめに

近現代日本の地域経済発展史上において、鉄道をはじめとする交通インフラは重要な役割を果たしてきた。鉄道の敷設は従来農村地帯であった地域において、大規模な用地買収をもたらしたほか、その後も鉄道そのもの事業効果が地域経済・社会に様々な変容をもたらしていった。さらにそこには政府や都道府県による様々な行政的思惑も絡むことによって、開発の形が規定されてゆくこととなった。本稿では鉄道の敷設に伴う地域経済の展開過程について、川崎市麻生区と小田急電鉄株式会社（以下、小田急）の事例について述べてゆくこととする。川崎市麻生区は、１９８２年に多摩区から分区して誕生した、川崎市で最も新しい区である。１８８９年に成立した橘樹郡生田村、都筑郡柿生村・岡上村がその元となっており、１９３８年に生田村が、１９３９年に柿生村、岡上村が川崎市へと編入された。１９７２年、川崎市の政令指定都市移行に伴い、多摩区が発足したあと、82年に多摩区のうち旧柿生村・旧岡上村の全域、および旧生田村の一部（百合ヶ丘駅のあった高石地区は旧生田村）が分区し麻生区が誕生することとなった。麻生区の誕生自体が、小田急沿線の開発と深い関連性を有しているわけであるが、本稿では時系列に沿って、Ⅰ小田急創業時、Ⅱ戦後百合ヶ丘駅建設と高度成長期、Ⅲ多摩ニュータウン建設と多摩線開業以降の3つの時期区分に沿って開発の歴史を追ってゆくこととする。

私鉄と沿線土地問題の関係史については鉄道会社による用地買収研究の系列と、沿線土地所有者及び耕作者の開発への対応としての耕地整理事業、区画整理事業研究の研究史が存在し、相互に鉄道会社経営的観点と沿線住民の利害の対立と協力の側面、土地所有者と耕作者の利害対立などに注目しつつ研究が進められてきた。[1] また戦後の大規模ニュータウン開発史においては東京都や政府による土地の強制買収に対する地元土地所有者の対応、そしてニュータウンに居住するようになった「新住民」の対立と共存の模索について研究が進められている。[2] そうしたなかで小田急が多摩ニュータウンへの通勤路として建設した多摩線沿線は、多摩ニュータウン研究と私鉄沿線開発研究の境界領域としての意義を持ち、双方の研究史を接続する論点を提供できる対象地域としての位置づけを与えることが可能であると考えている。

Ⅰ　小田急小田原線開業と柿生駅建設

Ⅰ－1　小田原線開業と柿生駅設置問題

小田急電鉄の前身となる小田原急行鉄道株式会社の創業は1923年であり、主要路線である新宿－小田原線の開業は1927年4月のことであった[3]。小田原線開業時に現在の麻生区内に設置された駅は柿生駅一駅のみであった（現在はこれに加え、百合ヶ丘駅、新百合ヶ丘駅、五月台駅、栗平駅、黒川駅、はるひ野駅の七駅）が、当時は柿生駅設置すら確実ではなかったようで、それは以下の叙述からうかがうことができる。「駅の設置についても会社側では、柿生と鶴川境の一本松附近に一ヶ所だけと提示した。それは勿論、柿生も鶴川も承認できないので、会社に交渉したところ、会社では地元の方々の協力如何によっては考慮するとの回答を得た[4]」。つまり隣村である鶴川村（現町田市）との境界付近への駅設置を提示されたのである。もっともこの提案は小田急の交渉カードであった可能性が高く、沿線自治体からの用地買収への協力と駅敷地の寄付を求めるための方便であった可能性が高い[5]。いずれにせよ柿生村では村中心部の上麻生への駅設置を実現するため約1000坪を地元負担で買収し、これを小田原急行鉄道に寄付することで柿生駅の実現をみたのである。用地買収価格は3000円であったが、その地区別負担は表4－1の通りである。駅が設置された上麻生の負担額が大きいのは当然と

表4－1　小田急柿生駅敷地代寄付金各区割当電

集落名	寄付金（円）
上麻生	1,500
片平	750
栗木	150
黒川	200
五力田	50
古沢	50
万福寺	50
早野	50
王禅寺	40
真福寺	40
下麻生	70
岡上	50
合計	3,000

飯塚重信『柿生村と私のあゆみ』（1979年）154頁より。

して、現在の多摩線沿線の片平、栗木、黒川といった地域の負担が大きいのが少々意外ではあるが、この配分費の計算方法について詳細は明らかではない。

小田急電鉄の開業は柿生村住民の生活に劇的な変化をもたらした。それは「小田急「柿生駅」誕生―これはまさに〝神奈川の僻村〟から脱出と柿生村全村民は大いに喜んだ」[6]という回想にも表れている。その変化は従来東京や横浜といった大都市部への移動が非常に難しかった同村住民にとって、移動・輸送の利便性向上という形で現れた。住民が新宿などの都会に出ることも非常に容易となったことに加え、地元特産である禅寺丸柿や野菜などを東京方面に出荷することも可能になった。柿生駅には貨物専用の引き込み線が新設され、柿の出荷シーズンになると駅周辺は大いににぎわいを見せたという[7]。また現在の多摩線沿線地域である栗木や黒川では、小田急線開業後の1933年頃からいちごの栽培が始まり、電車で東京や登戸にあった市場に出荷されたという[8]。

小田急開業が村の雇用に与えた影響も指摘されている。「小田急が開通したお陰で、農家の次男、三男坊の働き口が増えましたよね。私の叔父さんなんかも、家でぶらぶらしていたようなんですが、開通後は小田急電鉄に入社できた。当時は、柿生から小田急に就職した人たちが結構いたそうですよ[9]」との証言があるように小田急は用地交渉の過程で地元雇用を拡大することを約束し、沿線地域の雇用創出に資したのである。また交通の改善により村外から柿生に流入する人口も増えていった。その結果として「上麻生に近い地域は商店などがどんどん増えて、とても活気づいた[10]」、「無医村に近いこの地にも、柿生駅近くの踏切り横に村野医院(鶴川の人)が開院された[11]」というように、人口の増加に伴い商業施設や病院などが立地するようになり、村は賑わいを見せるようになっていったのであった。

Ⅱ　戦後百合ヶ丘駅誘致運動と沿線開発

Ⅱ－１　百合ヶ丘駅建設運動と百合ヶ丘団地

麻生区地域開発の始点は旧柿生村上麻生周辺であったが、アジア太平洋戦争後、最初に開発の中心となったのは、旧生田村の高石地区（現百合ヶ丘駅周辺）であった。高石地区は旧生田村の西部に位置していた集落であり、同村では小田原線開業時に東部に東生田駅（現生田駅）、中央部に西生田駅（現読売ランド前駅）が建設されたものの、西部である高石地区の利便性は低かったため、1949年に住民の一部が西生田駅と柿生駅の中間に位置する高石地区への駅設置を求めて、請願運動を開始したのである。当初新駅に消極的であった小田急に対して、地元住民は東急系の住宅開発の誘致をちらつかせるなどして小田急を交渉のテーブルに引き出し、1953年から本格的交渉が開始されたという。[12] ただその後駅敷地地権者との交渉が長引いたこと、[13] 敷地一部が戦後農地改革時に地元農家に売渡されており、その返還交渉が長期化したこと、[14] そして敷地農地の農地法に基づく転用許可が難航したことなどにより、交渉は長期化した。最終的に駅建設の決め手となったのは、1955年10月に設立された日本住宅公団により計画された百合丘団地建設であった。同公団は周辺で小田急が買収していた土地の一部を譲り受け、1958年「日本住宅公団川崎都市計画生田土地区画整理事業」として神奈川県に認可申請し、同年認可を受けて造成を開始した。百合丘団地は住宅公団第一期計画300万坪の一部であり、1955年には小田急百合ヶ丘駅が開設され、1963年には全工事が完了した。[15] 総面積約46ha、約4000世帯が入居する大規模団地であった。[16]

百合丘団地の建設と百合ヶ丘駅の設置は生田村から柿生村一帯に一種の開発バブルを引き起こした。1961年に東宝系で公開された映画『喜劇駅前団地』（久松静児監督：森繁久彌主演）は、現実に開発中の百合ヶ丘駅付近をロケ地として、開発に踊り翻弄される人々を喜劇タッチで描いている。

Ⅱ－2　三井細山団地の建設（デベロッパー主導の開発）

百合丘団地の造成を契機として、小田急線西生田駅（現読売ランド前駅）の北側にある細山地域の開発機運が高まることとなった。当初現在の細山四丁目から五丁目に至る当時山林・畑地であった地域の買収、開発を１９５８年に小田急が細山町会に打診したが、買収価格が折り合わず交渉は頓挫した。当時百合丘団地用地の買収価格は坪１０００円であり、小田急側は坪１２３０円での買収を望んだが、近隣の多摩美台地域が坪１４００円で売却されたという情報に接した地元地権者が坪１３００円を主張して譲らず、交渉が頓挫したと伝えられている[17]。

その後１９５９年、同地の開発に三井不動産が参入し、坪１４００円、農地補償費50円の条件で交渉は妥結した。代替地を要求する地主に対しては、町会の開発委員が代替地を調達する労を負った。工事は１９６０年に着工し、起工式には三井不動産の江戸英雄社長も出席して周囲を驚かせたという。三井不動産は、切土の残土処理のために団地用地以外部分の田地約３万坪を埋め立てる土地改良工事を地元に申し入れ、追加的な土地買収を行い、工事を１９６４年に完了した。宅地分譲は１９６０年頃から、坪２万５０００〜４万円で分譲され、１９６３年には完売したという。なお埋め立て地域にはかなりの縄伸び[18]が発生し、その面積を用いて幅員８ｍの道路が作られたという[19]。

Ⅱ－３　細山多目的土地造成事業（地権者主導開発と法制の未整備）

三井団地の事業進行を見た地元住民の間では、デベロッパーだけに任せず自分たちの手で開発を推進したいという機運が生じたという。そのような機運のなかで実施されたのが細山多目的土地造成事業である。同事業は百合ヶ丘駅西北方約８００ｍの位置、地権者27名、総面積約29haの規模で実施された。同地では１９６1年に日本住宅公団が、西三田団地の建設用地として生田農協から約1万坪の土地を買収しており、追加の形で同地の買収案が提示されたが、双方が提示した買収坪単価に１０００円以上の乖離が生じた結果、買収不成立となった。その後世田谷に本拠を置く工務店から①地権者が減歩分を除き土地を所有したまま開発を行う、②農業継続希望者に配慮する、③工事費を減歩により調達するという原則による開発案が提示され、これに応じた当時農協の専務理事であった白井金治郎を中心に15名の地権者が参加する「多目的土地造成事業組合」が結成され、１９６４年に着工に至った。[20]

同事業は後に、所有権が移転しない状態で農地の地目を変更する、農地法第四条に基づく都道府県知事の許可対象であることが発覚し、神奈川県農政局に申請を行ったが前例のない形態の事業であったことにより許可に時間を要した。また事業過程で生じる換地や代替地取得に対として国税当局が課税する見解を示したこと（最終的には代替地取得への課税は免除され、換地として獲得した土地に対する取得税のみを課税することで決着した）[21]なども問題となった。その後事業を主導した工務店（杉田工務店）の経営悪化により事業者が交代（有楽土地）したことなど様々な困難が生じたが、１９６９年12月に竣工した。[22]このように多くの困難を抱えた事業であったが、事業実施時期が地価上昇期であったことから造成直後は坪３万円程度であった地価が分譲単価では10万円を超える水準に上昇した結果、土地所有権を手離さずに事業に参加した地権者はその後アパート、マンションなどの共同住宅、会社の寮、貸家などを建築して充分に開発利益を享受することが可能となった。

Ⅱ－４　細山土地区画整理事業（土地区画整理法に基づく開発事業）

前述の細山多目的土地造成事業は地価上昇に助けられて竣工にたどり着いたが、土地区画整理法に基づかない事業が農地法の許可や換地の課税などで多くの問題を抱えることが発覚した事業でもあった。この経験を踏まえて細山地区住民が、１９５４年に制定された土地区画整理法に基づいて再度実施した事業が細山土地区画整理事業である。同法では施行主体が地方公共団体だけでなく土地区画整理組合によって実施可能とされたこと、また１９６３年に組合区画整理事業にも無利子、長期資金の貸付けを行う助成制度が発足したことも、この方式での事業実施の背景となった。

地元では細山多目的土地造成事業を推進した白井金次郎を中心として、１９６９年に細山土地区画整理組合が設立された。事業計画は18・75ha、地権者15名、実施地域は百合ヶ丘駅の西方約１０００ｍに位置する標高90～１２７ｍの丘陵地（現千代ケ丘五丁目～七丁目）であった。土地区画整理事業としては川崎市で八番目、川崎市北西部では初の事例であった。工事は間組が行い、調査設計から換地処分等については㈱大場土木建築事務所が協力担当した。同事業は地域住民が事業に熟達してきたことに加え、土地区画整理法に沿った事業を行ったことにより法的困難に遭遇することもなかったこと、また当時は工事時間についての制限的法制もなかったことから、朝から夜22時までの工事が実施された結果、事業は迅速に実施され、工事は1970年10月に竣工を迎えた。開発地には「千代ケ丘」の名称が付けられ、事業地域は千代ケ丘五丁目から七丁目に編入された。また区画整理事業に加えて土地造成時に宅地規制法の許可手続きを同時に進めたことにより、工事竣工と同時に家屋建築を可能とした点などに同事業の工夫が見られたという[23]。

Ⅱ－5　細山第二土地区画整理事業（環境規制強化のなかで）

細山土地区画整理事業の推進を見た細山地域では、続く土地区画整理事業の機運が生じ、1972年には細山第二土地区画整理事業の組合設立準備会が設立された。委員長には再び白井金治郎が選出されている。事業実施地域は百合ヶ丘駅西北約1・5㎞。南側が細山土地区画整理事業実施地域に、北側は東京都稲城市に接する標高85～137mの丘陵地域であり、施工面積は16・44ha、事業費43・2億円、地権者51名が関係する事業が計画され、1977年5月に細山第二土地区画整理組合が発足した。

しかし1970年代に入ると多摩地域における開発について、自然環境・住環境保全の観点から厳しい視線が向けられるようになり、行政の基準も厳格化していった。川崎市は1965年8月に「団地造成事業施工基準」を定めて開発事業の指導を行うようになっていたほか、

１９７３年10月に「自然環境の保全及び回復育成に関する条例」を可決し、翌74年４月から施行している。これにともない「団地造成事業施行基準」も改正され、細山第二土地区画整理事業にも適用されることとなった。新施行基準では事業実施地域における公園・緑地の面積比率を従来の３％以上から６％以上確保することが定められたこと、洪水対策のための貯水池設置基準が強化されたこと、公益用地５％以上確保が定められたこと、公共下水道整備のための負担金支出が義務付けられたこと等である。

さらに１９７６年10月、川崎市は「環境アセスメント条例」を制定し、翌77年７月から施行した。これは公害問題に揺れる川崎市の地方自治体の環境アセスメント条例として全国初の事例であった。細山第二土地区画整理組合が川崎市に対して設立認可を申請したのは１９７６年２月25日と条例制定の直前期にあたり、準備委員会は制定が予測される環境アセスメントの基準を尊重して計画内容の修正を重ねた。計画変更は４回に及んだが、その結果として、アセス条例施行の直前である77年５月４日に細山第二土地区画整理組合の設立許可が川崎市からおりることとなったのである。

こうして開始された細山第二土地区画整理事業であったが、工事にはいくつかの誤算が生じた。ひとつはこれまでの事業同様、宅地造成（切土）において発生した残土は低地や田地の埋め立てに用いる予定であり、隣接して低地の多い金程向原土地区画整理事業の埋め立てに用いる計画であったが、後述するように金程向原土地区画整理事業の進行が遅れたため、それが果たせなかったこと。そして事業の基礎工事中に縄文時代の遺跡（細山遺跡）が発見され、川崎市から専門家の手による発掘調査を行い、その保存に努めるべしという行政指導が行われたのである。調査は日本大学文理学部の竹石健二助教授を団長として１９７７年10月から78年２月まで実施された。組合は発掘費用の一部である約１３００万円を負担したが、その後は工事が無事進行し、１９８２年２月に事業は竣工した。

区画整理事業が進行する過程で、細山地域にはもう一つの問題が生じた。それは開発に伴う居住人口増加による小学校不足問題である。当時同地域の児童が通学する西生田小学校は児童数の急増の結果、プレハブの仮設校舎13棟を抱える川崎市内有数の過密校となっていた。そのため当時同小学校ＰＴＡ会長より細山第二土地区画整理組合理事長の白井金治郎に要請があり、隣接する学校予定地を区画整理事業用地に組み込む形で事業を推進することとなった。計画途中に西生田小学校父母の一部から開発に反対する動きも生じたが、最終的には新小学校用地を同区画整理事業に組み込んだ上で川崎市と区画整理準備会との間で敷地の賃貸契約を結び、１９７５年に新しく千代ヶ丘小学校が竣工することとなったのである。[24]

Ⅱ－６　金程向原土地区画整理事業（環境アセスメント適用第一号）

金程向原土地区画整理事業は新百合ヶ丘駅北西約１５００ｍ地点の、標高48～１２０ｍからなる丘陵地帯中にあり、西側は東京都稲城市との市境に、北東側はよみうりゴルフ倶楽部に接する道路と千代ヶ丘団地に隣接した地域で実施された。施行面積は約61ha、地権者２０５人と従来よりもかなり大規模な事業として構想された。事業の構想時期は細山第二土地区画整理事業と同時期の１９７２年2月に組合準備会が発足したものであり、代表者も同じ白井金治郎であったが、２００名を超える地権者の意思を調整している間に１９７７年7月の川崎市環境アセスメント条例施行日を迎えることとなった。これによって前述した事業を細山第二土地区画整理事業と並行して実施し、前事業で発生した残土を当事業に要する埋立用土として活用する途が閉ざされることとなった。

金程向原土地区画整理事業は川崎市環境アセスメント条例適用の土地区画整理事業第一号となった[25]。準備会役員は１９７８年5月に環境アセスメント報告書をまとめ、川崎市に提出し、その後報告書の縦覧、関係住民に対する説明会、意見書の処理、修正報告書の提出、修正報告書の縦覧、意見書の公聴会などを経ることとなった。環境アセスメント審査によって指示された結果は、従来の開発に比べてかなり厳しいもので、地区面積の39・８％の緑被率、宅地については43・４％の緑被率を指示されることとなり、これに関連して緑化協定、建築協定の締結も義務付けられることとなった。建築協定では住宅専用地域にふさわしく原則として階数を2階以下とすること、外壁後退距離を１ｍ以上とすること、敷地面積は２００㎡以上とし、原則として分筆しないこと、便所を水洗式とすること、敷地境界壁をブロック塀とせず、生垣又は高さ１・５ｍ以下の開放的なフェンスとすること等が定められた[26]。また緑化協定では前述した

事業始期	事業終期	総事業費（千円）	1 ha 当事業費（千円）	公共減歩率	合算減歩率	区分
1968年	1972年	788, 700	41, 952	19. 2%	48. 1%	個人・組合施行
1971年	1976年	2, 890, 000	88, 110	18. 5%	40. 2%	個人・組合施行
1972年	1982年	8, 790, 605	137, 784	19. 4%	46. 5%	個人・組合施行
1974年	1979年	1, 584, 500	168, 564	26. 5%	50. 1%	個人・組合施行
1977年	1984年	13, 610, 065	293, 320	24. 1%	38. 2%	個人・組合施行
1977年	1982年	8, 616, 163	188, 537	25. 0%	49. 1%	個人・組合施行
1977年	1981年	4, 372, 301	266, 604	24. 8%	54. 5%	個人・組合施行
1980年	1987年	24, 347, 000	399, 131	22. 3%	53. 0%	個人・組合施行
1982年	1987年	13, 857, 000	481, 146	22. 4%	54. 3%	個人・組合施行
1986年	2001年	22, 690, 000	513, 348	15. 1%	41. 0%	個人・組合施行
1993年	2000年	3, 534, 600	589, 100	30. 0%	53. 4%	個人・組合施行
1997年	2000年	531, 721	590, 801	26. 6%	57. 1%	個人・組合施行
1999年	2002年	882, 014	551, 259	32. 6%	69. 6%	個人・組合施行
1991年	2004年	11, 105, 300	834, 985	22. 9%	56. 7%	個人・組合施行
1999年	2003年	2, 211, 000	480, 652	28. 4%	66. 5%	個人・組合施行
2001年	2007年	5, 440, 034	461, 020	19. 4%	55. 1%	個人・組合施行
2000年	2008年	28, 879, 880	782, 653	28. 3%	61. 9%	個人・組合施行
1990年	2010年	42, 162, 503	523, 758	31. 5%	52. 9%	都市再生機構実施

緑被率のほか、擁壁や垣根（生垣）の緑化、および長期営農継続地等に関する規定が盛り込まれた[27]。こうしたプロセスを経た結果、1980年11月に金程向原土地区画整理事業組合の設立が認可され、同年12月に組合が正式に設立された[28]。

その他組合定款において特筆すべき点は、地積の決定方法である。一般的に開発により用地買収が行われる場合、買収は登記簿記載の地積（登録地積）に基づいて行われることが多く、実測による面積との乖離（「縄伸び」「縄縮み」）が生じることがままあるが、同組合の場合基準地積の決定を登録地

表4－2　麻生区で実施された区画整理事業

事業名称	施行者	施行面積(ha)
細山土地区画整理事業	細山土地区画整理組合	18.8
柿生第二土地区画整理事業	柿生第二土地区画整理組合	32.8
栗木第一土地区画整理事業	栗木第一土地区画整理組合	63.8
黒川第一土地区画整理事業	黒川第一土地区画整理組合	9.4
川崎市都市計画新百合ヶ丘駅周辺特定土地区画整理事業	新百合丘駅周辺特定土地区画整理組合	46.4
柿生第一土地区画整理事業	柿生第一土地区画整理組合	45.7
細山第二土地区画整理事業	細山第二土地区画整組合	16.4
金程向原土地区画整理事業	金程向原土地区画整理組合	61.0
山口台土地区画整理事業	山口台土地区画整理組合	28.8
栗木第二土地区画整理事業	栗木第二土地区画整理組合	44.2
川崎市向原土地区画整理事業	川崎市向原土地区画整理組合	6.0
塔の越土地区画整理事業	塔の越土地区画整理組合	0.9
細山西土地区画整理事業	細山西土地区画整理組合	1.6
五力田土地区画整理事業	五力田土地区画整理組合	13.3
細山金井久保土地区画整理事業	細山金井久保土地区画整理組合	4.6
片平土地区画整理事業	片平土地区画整理組合	11.8
万福寺土地区画整理事業	万福寺土地区画整理組合	36.9
黒川特定土地区画整理事業	都市再生機構	80.5

川崎市「完了地区概要」より作成（2019年5月31日閲覧）
http://www.city.kawasaki.jp/500/page/0000002530.html

積に加えて測量増を按分した地積によると定めている（定款第六七条）[29]。「縄伸び」問題は地域開発においてて紛糾しやすい問題であるが、地域主導の区画整理事業の場合は、「縄伸び」分を実測により修正することにより、問題の表面化を防止したものと言える。

その後事業は１９８３年４月に仮換地指定が行われ、翌84年に神奈川県立麻生高校が完成、86年には川崎市立金程中学校が完成した。事業は１９８７年に竣工したが、同地に農事組合法人「金程緑化センター」が設立され、事業竣工後も地区内の住宅緑化を推進するためのサポートが行われている[30]。

Ⅲ　多摩ニュータウン計画と新百合ヶ丘駅建設（新百合ヶ丘駅と多摩線）

Ⅲ－1　多摩線と新百合ヶ丘誕生の経緯

戦後高度経済成長期に入ると、東京の人口増加は深刻化し、周辺都市では無秩序な開発（スプロール化）が問題視されるようになった。政府は１９６３年に新住宅市街地開発法を制定し、首都圏における計画的な住宅地建設を推進することを決定した。同法に基づき東京都は、南多摩丘陵に新都市開発事業、すなわち多摩ニュータウン建設事業を１９６５年都市計画決定した。多摩ニュータウンは原則として東京都内の稲城市、多摩市、八王子市、町田市で実施された事業であったが、その影響は川崎市にも及ぶこととなった。ニュータウンへのアクセス路線のひとつである小田急多摩線とその沿線開発である。多摩ニュータウンは都心通勤者のベットタウンとして計画されたため、住宅建設と併行して、都心までの交通網整備が課題となった。鉄道案と高速道路案が比較された結果、輸送力の点で鉄道案が採用されたが、位置的に国鉄の新路線が困難との判断から、小田急線（多摩線）と京王線（相模原線）の新線建設が政府から要請されることとなった（当初西武多摩川線の延長も候補に上がったが、合流する中央線を抱える国鉄が難色を示したため、実現しなかった）。

小田急多摩線の分岐は当初、喜多見－狛江間で計画されたが、狛江市側の反対運動や京王相模原線との並走区間縮小の観点から計画は変更を余儀なくされた。代案として浮上したのが柿生－百合ヶ丘間の万福寺地区に分岐駅を建設し、多摩線の始発とする案である。万福寺付近は当初丘陵を回避するために、線路がＳ字状にカーブしている地域であった。しかし多摩線の分岐、向ヶ丘遊園－町田間の急行追い抜き設備設置に広大な面積を必要とするため、丘を削って新駅（新百合ヶ丘駅）を建設し、線路を変更して従来の迂回線は廃線にすることにしたのである。工事は１９７０年５月に開始され、74年６月の多摩線開業と同時に新百合ヶ丘駅が開業した。

Ⅲ－２　川崎都市計画事業新百合ヶ丘駅周辺特定土地区画整理事業（都市計画事業に基づく市民参加型まちづくりの取り組み）

新百合ヶ丘駅周辺の開発事業は、これまで紹介してきた民間施行の区画整理事業ではなく、川崎市の都市計画事業に基づく公的施行事業として実施された点に、その特徴がある。前述した日本住宅公団による百合丘団地の建設以降、多摩区西部の人口が急増してゆくなかで、川崎市多摩農協は組合長鈴木新之助氏の主導により、１９６８年５月に㈶協同組合経営研究所の一楽照雄が構想した「農住都市構想」に注目し、農住都市建設を農協の２大事業のひとつと位置付け、１９７０年には多摩農協管内柿生地区が農林省から農住都市構想推進地域に指定された。

「農住都市構想」とは、開発が進む近郊農村において、宅地開発の社会的必要性を一定程度受容しつつも、スプロール型の開発と、地元農民の農地・農業基盤の喪失を抑止するため、地元農民の主導権のもとで宅地開発と都市農業基盤の確立の両立を目指す構想であった。同農協ではさらに実施地区を西百合ヶ丘地区に絞り込み、１９７２年11月に地元農家を中心とする「農住柿生西百合丘土地区画整理組合準備会」を発足させた。[31] 一方川崎市は麻生区分区構想のなかで、区の中核機能を新百合ヶ丘駅付近に置くことを構想中であったため、前記準備会に構想を提案した上で、１９７４年5月、地元地権者、川崎市、小田急の三者からなる「百合丘南部地区総合開発協議会」を発足させ、官民協調による開発体制が整うこととなった。[32]

その後協議会による調査計画により、事業を民間施行の区画整理事業で実施した場合、減歩率が50％を超える予測が示されたため、協議会では区画整理事業を都市計画事業化し、国・市の補助金を得ることで減歩率を下げるよう、川崎市に陳情書を提出した。[33] 川崎市はこれに応えて１９７５年7月に「百合丘南部地区開発事務所」を設置した。また区画整理の基本設計は１９７４年1月に設立された「社団法人・地域社会計画センター」により進められた。土地利用計画では、区役所・図書館・体育館・警察署・消防署などを含む行政センターを中心に駅前商業地区、小学校等のほか「農住都市構想」の延長である集合農地や共同住宅地も計画された。事業手法としては、１９７５年7月に公布された「大都市地域における住宅地等の供給の促進に関する特別措置法（大都市法）」に定められた「特定土地区画整理事業」の手法を導入し、１９７６年5月に協議会は基本計画を取りまとめた。この手法によって、従来現地換地を原則

図４－１　新百合丘街なみ形成に関する土地利用区分

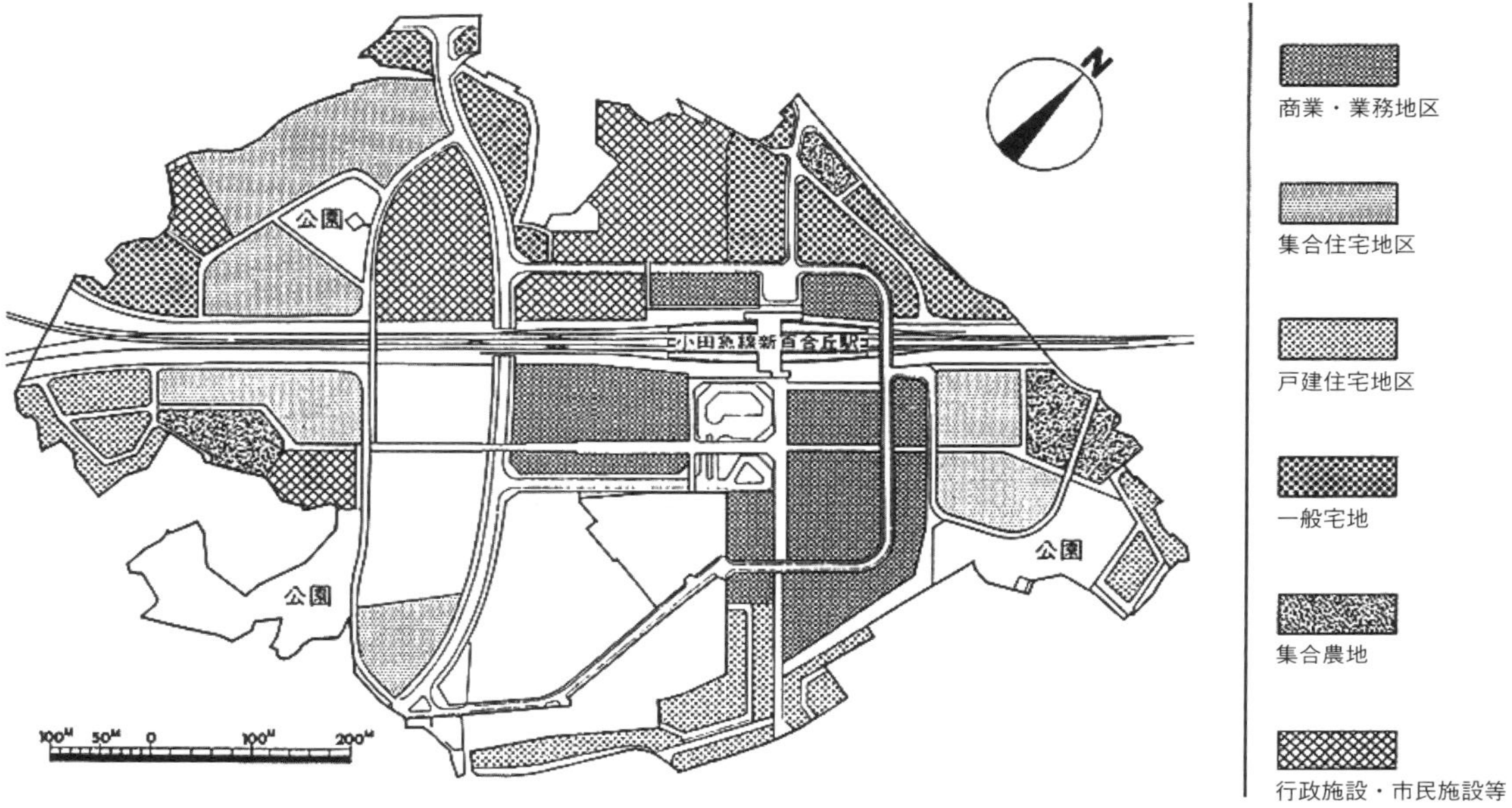

公園
公園
公園
小田急線
新百合丘駅
100m 50m 0 100m 200m
N

商業・業務地区
集合住宅地区
戸建住宅地区
一般宅地
集合農地
行政施設・市民施設等

川崎市『新百合丘駅周辺特定土地区画整理事業施行地区　上物建設マスタープラン』より。

とする区画整理事業から、目的換地の手法を導入することにより、土地利用の目的別に「共同住宅区」、「集合農地区」といった目的別に区画を集中させることが可能になった。[34] さらに事業費の面でも、補助事業としての優遇措置が受けられることとなり、地権者の減歩を緩和することが可能となった結果、減歩率は合算で約38％まで抑制することが可能となったのである。[35] 基本計画では事業規模が当初の33 haから約46 haに拡大され、地区面積の40％を「緑の自然空間」として確保するなどの内容が盛り込まれた。その後川崎市の環境アセスメント調査、神奈川県都市計画審議会の審査を経て、1976年8月、事業に関する都市計画決定が川崎市都市計画審議会で承認され、9月に神奈川県都市計画審議会が承認、10月に都市計画の決定をみた。翌1977年5月には「新百合ヶ丘駅周辺土地区画整理組合」が設立され翌月起工式が挙行された。[36] その後1982年には川崎市麻生区が誕生し、1984年4月に事業は完成したのである。[37]

当時の住民の回想に次のようなものがある。「新百合を中心にした新都市の出現は早かったアレヨアレヨと見ている間に山林だった所が切り払われブルドーザーで平にされ雛壇ができたと思う間もなくマンションや住宅が建ち出しまたたく間に住宅地が出現したそれはまるでアラジンがランプをこすって一日で都市ができ上がったような感じであった[38]」。

新百合丘では区画整理事業と並行して市街地形成を行うため、事業期間中の1980年8月に川崎市が「上物建設マスタープラン」を発表し、区画整理後の上物建設における指針を提示した。また上物建築に地権者が関与する組織として、1981年に「新百合丘農住都市開発株式会社」が結成された。同社は地権者16名の出資により結成された営利法人であったが、地権者の出資比率を均等にして意見調整が容易になるような配慮がなされている[39]。また行政と地権者以外の市民も街づくりに参画できるための組織として１９８２年７月に「新百合ヶ丘駅周辺広域的街づくり推進協議会」が発足し、地権者、市職員のほか、周辺住民、商業者代表を新たに加えて街づくりの意見調整の場としていった。

「上物建設マスタープラン」で設定された商業・業務地区については小田急電鉄の商業施設（エルミロード）の立地が決まっていたほか（１９９２年開店）、１９８３年４月、核テナントとして西武流通グループが選ばれていたが、その後１９９４年11月に同グループが経営環境の悪化を理由に撤退を表明し、新百合丘農住都市開発株式会社は95年12月に新たな核テナントとして㈱ニチイ（現イオンリテール㈱）と、㈱十字屋に再決定し、ニチイは「新百合ヶ丘ビブレ」、十字屋はファッションビル「新百合丘ＯＰＡ」を出店することとなった[40]。なお商業施設導入にあたり、１９８８年に新百合ヶ丘駅周辺地区20・７haについて地区計画の都市計画決定がなされ、同時に中心商業業務地区９・８haの容積率は６００％と定められ高層商業ビルの建築が可能となった[41]。

Ⅲ－３　山口台土地区画整理事業（地区計画を導入して街並みを維持）

新百合ヶ丘駅と柿生駅の中間地点東方の丘陵部で実施された事業である。同地域においては多摩線構想前後に複数の民間デベロッパーから土地区画整理の共同事業について地元に打診があったが、当時「万福寺王禅寺線」「尻手黒川線」の二本の都市計画道路が計画中であり、道路計画と合わせると減歩率が60％を超える恐れがあったため、地元の賛同が得られず、計画は一時頓挫した。

その後新百合ヶ丘駅周辺特定土地区画整理事業など隣接地域での開発の流れを受け、地元主導で区画整理の機運が再燃した。１９８０年に「山口台土地区画整理事業準備会」が立ち上げられた。準備会には三井不動産や小田急電鉄も参加したが、両社をはじめとするデベロッパーは事務局として事業に協力しつつ、地元主導を掲げながら事業を推進する方針がとられた。事業最大の問題であった都市計画道路については、川崎市に対して都市計画道路を区画整理事業から切り離すよう要請し、最終的に市に承認させた。その後１９８３年2月に「山口台土地区画整理組合」が設立され、上麻生二～四丁目と王禅寺の一部地域で、総面積30・９haの宅地開発を開始し、１９８７年10月に竣工した。同事業では良好な街づくりのために建物の用途や高さ制限を定めた「地区計画」を導入し、２００５年には「ふるさと麻生八景」に選ばれている。[42]

Ⅲ－４　万福寺土地区画整理事業（ドジョウを守れ）

万福寺とは新百合ヶ丘駅が建設された地域の名称であり、この事業は同駅西口一帯の万福寺地区全域と古沢地区の一部で行われた大規模な宅地開発事業である。事業面積は約37 haであった。同地域での開発は当初三井不動産が主導して推進していたが、バブル経済による地価高騰のため土地買収が困難化し、地元主導で事業実施を行う機運が台頭した。三井不動産も土地区画整理事業の事務面などで協力してゆく形で準備が始まり、１９９０年に準備委員会が発足した。準備委員会がまとめた事業計画は、約７００戸の戸建て住宅と約１５００戸の集合住宅を建設し、そのほか各種の商業・業務施設、郵便局などの公益施設、さらに複合文化施設を新設する大型のものであった。その後環境アセスメント調査中に、在来種の「ホトケドジョウ」の保護を訴える運動が発生し、ドジョウを県水産研究所に避難することで対応した。また同地が「鎌倉古道」の遺跡を含むとの意見から、発掘調査を行うなどの準備が重ねられた。こうした準備の後、２０００年9月に「万福寺土地区画整理組合」が正式に発足し、翌２００１年4月に起工式が挙行された。事業は地元の鎮守である十二社の移転や、雨水用調整池の建設などを行いながら推進された。当初予定された複合文化施設は環境アセスメント関連の費用負担と、バブル崩壊等の影響で規模を縮小したものの、事業は２００８年に竣工した。[43]

Ⅳ　多摩線沿線区画整理事業の展開

小田急多摩線の開業は沿線地域住民にも大きな影響を与えることとなった。小田急は１９７７年10月から沿線地区ごとで説明会を実施し、鉄道用地の買収と併行して、土地区画整理方式による沿線の開発計画を提案し、地権者の理解と協力を求めた[44]。路線が多摩市に入ってからは多摩ニュータウン計画地区に入るため、小田急としても開発余地が制限されたものと思われる。麻生区は小田急にとって多摩ニュータウンの玄関口となったのであった。しかし小田急電鉄自身、区画整理事業についてはそれまで未経験であり、それまで田園都市線沿線で区画整理を行っていた東急電鉄から知識を吸収しながら地元との交渉を進めた経緯があった[45]。こうして戦前の柿生駅、戦後の百合ヶ丘駅開発の影響が十分に波及しなかった地域にも開発の波が押し寄せてきたのである。その過程で地域住民も開発に積極的に関与するもの、開発に拒絶反応を示すものとを含め、否応なく巻き込まれてゆくことになる。ここでは多摩線沿線地域で形成された区画整理事業に焦点を当て、その経緯を述べてゆくこととする。

Ⅳ－1　柿生第二土地区画整理事業（小田急との協力による区画整理事業）

この事業は五月台駅から栗平駅に至る線路を挟む総面積32haで実施された、土地区画整理方式による街づくりである。多摩線構想の発表から一年後の昭和1969年8月に組合設立の準備総会が立ち上げられた。同地域ではすでに小田急電鉄が周辺用地の買収を進めていたことから、準備委員会に小田急電鉄もメンバーとして加入し、協力関係を構築しながらも、あくまでも「地元主体の」街づくりをスローガンに事業を実施することとした。柿生第二土地区画整理組合の設立総会は1971年8月であり、その後用地内の道路建設に組合員の一部が反対する

などの問題も生じたが、最終的に和解に達し、１９７７年１月竣工に至った。(46)

Ⅳ－２　柿生第一土地区画整理事業

この事業は小田急多摩線の五月台駅をはさんで東西に広がる約46haの地域に関わる事業である。１９６８年の多摩線構想発表後、小田急電鉄が地元に対して土地区画整理方式による共同開発の提案を行った。乱開発を恐れる地元もこれに応じ、１９７２年１月に準備会を発足させ、同77年柿生第一土地区画整理組合を設立し、事業を起工した。事業開始前の地権者への説明等に時間をかけた結果、同第２組合よりも発足が遅れたが、その後の事業進捗は早く、事業開始からわずか５年後の１９８２年11月に竣工を迎えた。(47)

Ⅳ－３　五力田土地区画整理事業（クラフトビレッジを目指して）

栗平駅北東約５００ｍの麻生区五力田地区約13haで実施された事業である。先行した柿生第１、第２区画整理事業をみて、同地区でも区画整理事業への熱が高まった結果、１９８２年に「五力田地区開発準備委員会」が発足した。しかし同事業計画地域はその半分近くが都市計画法の市街化調整区域であったため、計画が難航することとなった。川崎市との協議過程のなかで「線引き」見直しの条件的に提示されたのが、同市の「２００１かわさきプラン」に基づくクラフトビレッジ（工芸の街）計画であり、土地区画整理事業による保留地の一部をクラフトビレッジの用地として確保することを条件として、市街化区域化を承認され、１９９２年に五力田土地区画整理組合が設立された。

同事業では工事中に必要な盛り土の搬入について、住民や環境アセスメントの影響により搬入路やダンプカー台数に制約を受けたこと、さらに事業実施中にバブル経済の崩壊のタイミングに遭遇し、クラフトビレッジ構想も大幅な縮小を余儀なくされるなど、計画の遅延と縮小が相次いだが、２００３年５月に事業を竣工し、新住居表示は「白鳥四丁目」とされた。[48]

Ⅳ－４　片平土地区画整理事業（市街化調整区域内での区画整理事業）

栗平駅南東２５０ｍほどにある片平六～八丁目の一部、約12haの地域で実施された事業である。同地域は都市計画法制定時から市街化調整区域に指定されており、開発が制限されていたため、１９７３年に地元有志88名により片平調整区域地権者会が設立され、神奈川県と川崎市に対して線引きの見直し（市街化区域への編入）の陳情を行っている。[49]その後１９８４年12月、片平調整区域については基盤整備を条件として「特定保留地域」に変更された。しかしその後区画整理事業について地元地権者の合意が難航し、１９９０年12月に川崎市から特定保留区域の地元対応、すなわち区画整理事業の推進を強く要請される一幕もあり、１９９２年に特定保留区域内の地権者を中心に片平土地区画整理組合設立準備会が設立された。その後、２０００年までかけて環境アセスメントに基づく審査を通過した結果、２００１年11月片平土地区画整理組合の設立総会が開かれ、翌２００２年６月に起工式が行われた[50]。その後、公園、河川改修区間パートナーシップ協議等を経て、２００７年５月に竣工式を迎えることとなった[51]。

Ⅳ－５　栗木第一土地区画整理事業（「栗木方式」の導入）

栗平駅～黒川駅間の麻生区栗木台地区、総面積約64ha（現栗平一・二丁目及び栗木台一～五丁目）で実施された事業である。栗木地区周辺では小田急が１９６４年頃から柿生農協を通じて個別に土地買収を進めていたが、その後、多摩線構想とともに小田急側が地元に対して土地区画整理方式による共同開発事業を打診したものである[52]。これと同時期に栗木地区では新都市計画法に基づく市街化区域と市街化調整区域との「線引き」の問題が生じ、１９６９年に農協生産支部会で投票を行った結果、同地区の上麻生・蓮光寺線の道路から平尾寄りの地区を市街化地区とし、町田側を市街化調整地区と決定した経緯があった。この時市街化区域に線引きされた地権者を中心に、１９７０年11月「栗木第一土地区画整理組合発足準備委員会」が発足した[53]。事務局は小田急電鉄が担当することとなり、組合発足後は小田急電鉄は事業の請負業者となった。なお同電鉄の報酬は、保留地の譲渡によって賄われることとなった[54]。

しかし当初計画策定の過程で平均減歩率が47％にのぼることが発覚した結果、地域住民、特に小規模地権者の反発が起こり事業は紛糾した。その際、柿生農協生産支部長であった飯塚馨氏の発案した２００㎡までの土地の減歩を免除する「基礎控除」方式（栗木方式）が支持を得て、減歩問題の合意が導かれ、1972年9月「栗木第一土地区画整理組合」の設立が実現した。[55] その後、事業途中に減歩問題で不満を残した地権者との法定闘争が発生し、強制執行で解決する一幕を経ることとなったが、1982年5月に竣工を迎えることとなった。[56]

Ⅳ－6　栗木第二土地区画整理事業（川崎市マイコンシティへの呼応）

同事業は栗平－黒川駅間の西方、町田市との境界にあたる約44haの丘陵地帯（現栗木一丁目～三丁目）で実施された。栗木地区のなかで、新都市計画法による「線引き」において市街化調整区域を選択した地域であり、当時は固定資産税増加への警戒や、農業継続意思等から市街化調整区域を望んだが、その後の周辺地区の開発の進展を見て、地元で市街化区域編入運動が形成されたことが事業の端緒となった。[57]

当初は地区内にある桐光学園を中核施設として新たに短大、高校、専門学校を誘致する文教地区化を目指したが、桐光学園以外の学校誘致は果たせなかった。その後浮上したのが川崎市によるマイコンシティ構想である。当時川崎市では公害規制や工場制限などにより県外への工場移転が続き、産業構造の転換による地域経済の再活性化が求められていた、同市は「川崎市産業構造雇用問題懇談会」の答申を受け、1981年2月に「マイコンシティ構想」を発表。候補地として市内六か所を選定し、①空閑地の規模・条件、②鉄道駅への近接性、③道路交通条件、④地価、⑤再開発計画との関連、等を基準に選定することとしたのである。この動きに栗木住民は呼応し、同年12月に「マイコンシティ開発支持と農業基盤整備」についての要望書を市に提出し、1982年に栗木がマイコンシティ予定地に選ばれることとなった[58]。地権者と市の調整により、事業は区画整理方式で実施することとし、市も事前に用地の一部を購入して組合事業に参加すること、農業継続希望者のために農地の集約化と基盤整備を行うこと、企業用地のほか、誘致企業従業員・市街化区域内に土地を持たない地権者のために住宅用地を整備することなどの骨格が定められ、1984年2月に栗木第二土地区画整理組合設立に向けての準備委員会が発足した[59]。

事業発足後に問題点となったのは、従来の周辺事業に比しても規模の大きなマイコンシティ建設を含む、総額235億円にのぼる事業資金調達であった。栗木第一では小田急電鉄が組合に加入して事業請負を行ったが、栗木第二については小田急の関与は事務局委託のみであり、準備委員会当初資金を小田急から借り入れる形で推進したため、その後の返済を要することとなった。その結果準備委員会（発足後は組合）は、地元農協から土地担保融資で資金を調達して事業を遂行することとなり、1987年2月に正式に「栗木第二土地区画整理組合」が発足したのである[60]。

また栗木第一でも生じた小規模地権者対策としては、事業計画に保留地を設定し、住宅用地が減歩の結果40坪を割り込んでしまう地権者に対して保留地から低価格（分譲予定価格坪60万円のところを坪36万円）で譲渡し、40坪に達する形で宅地を配分するという方式を採用した[61]。

その他減歩率については地元案として39％を提示したが、その後の川崎市との調整で平均41％（公共減歩率15・16％、合算減歩率41・04％）とした。[62] さらに他の区画整理事業とは異なる問題点として、企業用地確保のために地権者の用地が現状位置から離れてしまう「飛び換地」が発生したことにより地権者の不満の調整が必要となる等の問題点が生じたが、[63] その後、埋蔵文化財調査、墓地移転などを経て、２０００年５月に事業は完成をみた。[64]

マイコンシティ用地についてはその一部を川崎市が取得し、１９９５年から分譲を開始したが、分譲時期にはすでにバブル経済が崩壊し、地価下落局面にあったため、分譲は不振であり、１９９９年までに川崎市分譲32区画中９区画（総面積の32％）に留まる事態となった。その後２０００年に川崎市議会で分譲価格の値下げを決議したほか、２００４年からは事業手法を分譲ではなく事業用定期借地方式に転換することにより誘致実績が加速し、２００６年には民有地部分を含む17ha中15ha分への企業立地を達成することとなった。[65]

Ⅳ－７　黒川第一土地区画整理事業（マイコンシティ・パート２）

黒川駅を中心とする現在の南黒川一帯で実施された事業である。多摩線の構想が発表された１９６８年に、現在のはるひの駅付近約52haの開発を構想した小田急、京王が土地区画整理事業の話し合いを持つが、農業継続の意思の強い地権者が多く、計画はとん挫してしまった。その後小田急は現在の黒川駅付近９haを宅地開発し、新駅を設置する構想に計画を修正した。この新計画は面積も小さく地権者が比較的少数であったこともあり、全員一致で1975年3月に「黒川第一土地区画整理組合」が発足した。同事業は相対的に小規模ではあったが、標高70〜120mの起伏に富んだ丘陵地帯であったため、切土による宅地造成工事は難航した。なかでも困難であったのは開発地区内の山上にあった東京電力の送電線鉄塔二基の切り下げ工事であったという。1979年12月に工事は完了し、新住居表示は「南黒川」に決定した。同事業は元々宅地化を想定したものであり、用地地域も第一種住宅専用地域に指定されていたが、隣接する栗木のマイコンシティ造成が遅れていたため、南黒川の一部、黒川駅北口の約3haを準工業地域・近隣商業地域に用途変更し、「マイコンシティ・パート2」として企業誘致を推進した[66]。

Ⅳ−8　黒川特定土地区画整理事業（はるひ野駅の誕生）

前述したように、当初小田急は現在の「はるひ野」での駅設置と区画整理事業を構想したが、地元の反対により、断念した経緯があった。その過程で京王帝都電鉄が保有していた土地を1978年に住宅・都市整備公団が買収し、開発計画が再始動することとなった。地元地権者との交渉では、今度は多くの賛同を得ることができ、事業開始に向けて動き出した。しかしその後事業は埋蔵文化財調査に加え、自然保護団体による植生保全要求、環境アセスメントへの対応が必要となり、その結果、多摩市との境界地約20haを現状保全することになった。これは

図４－２　戦後麻生区の主要な開発地

①	百合丘第一団地
②	三井細山団地
③	細山多目的土地造成事業
④	細山土地区画整理事業
⑤	細山第二土地区画整理事業
⑥	金程向原土地区画整理事業
⑦	新百合ヶ丘駅周辺特定土地区画整理事業
⑧	山口台土地区画整理事業
⑨	万福寺土地区画整理事業
⑩	柿生第２土地区画整理事業
⑪	柿生第１土地区画整理事業
⑫	五力田土地区画整理事業
⑬	片平土地区画整理事業
⑭	栗木第一土地区画整理事業
⑮	栗木第二土地区画整理事業
⑯	黒川第一土地区画整理事業
⑰	黒川特定土地区画整理事業

注：図は大まかな位置を示したものであり、一部不正確な部分も含まれる。

開発地域の4分の1にあたり、結果として当初計画よりも減歩率が増加することになった。こうした調整を乗り越えて1991年3月に事業が認可され、翌92年11月に着工された。2004年12月には住宅・都市整備公団と地元が小田急に要求した結果、「はるひ野駅」が開業した。事業は2006年に換地処分公告が行われ、2010年に終了したのである。[67]

おわりに

小田急の開業以前においては交通不便の純農村であった麻生区域（旧柿生村域）は、小田急小田原線の開業、戦後百合丘団地の建設、多摩ニュータウン建設（と多摩線の開業）という3つの段階を経て開発が進められていった。地域住民にとって鉄道の開業は、地域の利便性向上と開発利益獲得の契機となるものであったが、それは同時に農業経営環境の悪化、あるいは変化を強いる形で進行したものであっただけに、区画整理事業を始めとする地域開発の合意には困難がつきまとうこととなった。しかしそうしたなかでも、地域住民のなかで利害調整をおこないながら、区画整理事業が推進されてきた背景には、粘り強い指導力と調整力を持つ地域指導者の姿を見ることができる。

多くの場合開発の契機をもたらした小田急電鉄にとって戦後の多摩線区域は、百合丘団地の建設等に象徴されるように、戦後沿線人口が急増した地域であり、多摩ニュータウン構想を契機として、分岐駅となる新百合ヶ丘駅を中心に、新たな沿線開発の重点地域となった。多摩線も永山駅以北の東京都内に入ると東京都と建設省が主導した多摩ニュータウンの開発区域に入り、小田急の開発余地が狭まるだけに、同線の川崎市内エリアが小田急にとって重点的開発エリアとなったのである。ただし区画整理事業別に見ると小田急の開発への関与度合いにはばらつきがあり、自ら事業者として積極的に関わった事例もあれば、事務局の受託に留まった事例も見ることができる。当時の小田急が沿線地域との摩擦を避ける形で、ある程度柔軟な行動を取っていた姿を見ることができよう。

また本稿では戦前期からオイルショックとバブル崩壊を経た21世紀に至るまでの区画整理事業を長期的に概観してきたが、時代的特徴として①１９６０年代までは地域住民が宅地化と農業継続との狭間で揺れながら、不動産会社や小田急との交渉を通じて開発の主導権を維持しようと試みる「農住都市構想」の時代であり、②１９７０年代から80年代は開発や公害に対する新住民を含む市民の関心が高まるなかで「環境アセスメント」に代表される、開発に対する様々な規制・調整が行われた時代と位置付けることができよう。いずれにせよこの時代までは地価が上昇期にあり、減歩に象徴される開発コストは地価上昇分をもって回収する可能性が高い時代であった。しかし③バブルが崩壊した１９９０年代以降は、地価が下降局面を迎えた結果、開発コスト回収の困難性が増すことによって、開発規模の縮小や見直しが進められていった時代と理解することができよう。またこのような区画整理が困難化した時代に、栗木第一・第二のように、小規模土地所有者に配慮した区画事業方式が考案・導入されている点も注目されるべきである。

本稿で、使用した資料は基本的に地権者を中心とする区画整理事業のものが中心となるだけに、１９７０年代以降の環境保護運動をはじめとする住民運動への視点が相対的に弱くなっていることは否定できない。戦前来から地域に居住する「旧住民」と、宅地化の過程で地域に居住するようになった「新住民」との関係性を踏まえた地域社会の「開発史」の全体像構成は今後の課題としたい。

注

（１）前者については中村尚史「郊外宅地開発の開始」（橘川武郎・粕谷誠編『日本不動産業史』名古屋大学出版会、２００７年所収）、拙稿「私鉄会社による路線・駅舎用地買収と地域社会：小田原急行鉄道㈱の事例」（『専修経済学論集』48－2号、２０１３年所収）など、後者については高嶋修一『都市近郊の耕地整理と地域社会－東京・世田谷の郊外開発』（日本経済評論社、２０１３年）、沼尻晃伸『村落からみた市街地形成－人と土地・水の関係史 尼崎一九二五－七三年』（日本経済評論社、２０１５年）、出口雄大「一九三〇年代日本における農村の市街地化と土地問題 －兵庫県武庫郡武庫村を事例に－」（『史学雑誌』第１２７編第１号、２０１８年所収）等。

（２）たとえば金子淳「ニュータウンの成立と地域社会－多摩ニュータウンにおける『開発の受容』」（大門正克他編『高度成長の時代２ 過熱と揺らぎ』（大月書店、２０１０年）

（3）小田原急行鉄道会社は1941年3月に小田急電鉄株式会社と改称しているが、本稿では以後戦前部分の表記においても「小田急」の略称表記で統一することとする。
（4）飯塚重信『柿生村と私のあゆみ』（1979年）153頁。
（5）拙稿「私鉄会社による路線・駅舎用地買収と地域社会：小田原急行鉄道㈱の事例」（『専修経済学論集』48－2、2013年）。
（6）前掲『柿生村と私のあゆみ』155頁。
（7）柿生昭和会編纂委員会『ふるさと柿生に生きて～激動80年の歩み～』（2006年）188頁。
（8）川崎市立栗木台小学校『地域読本　ふるさとへ』（2002年）31頁。
（9）前掲『ふるさと柿生に生きて～激動80年の歩み～』189頁。
（10）前掲『ふるさと柿生に生きて～激動80年の歩み～』188頁。
（11）前掲『柿生村と私のあゆみ』156頁。
（12）大塚新平『多摩の郷土史　ゆりが丘とその周辺』（大塚書店、1979年）62頁。
（13）前掲『多摩の郷土史　ゆりが丘とその周辺』72頁。
（14）前掲『多摩の郷土史　ゆりが丘とその周辺』76頁。
（15）「ゆりがおか」の表記については小田急の駅名は「ヶ」の付く「百合ヶ丘（新百合ヶ丘）」であり、団地名や地名表記の際は「ヶ」の付かない「百合丘（新百合丘）」の表記がなされる。
（16）細山金程地区五大事業完成誌出版委員会『永遠の郷土〈細山金程地区五大事業完成記念誌〉』（農業企画出版会、1987年）21－22頁。
（17）前掲『永遠の郷土』22－25頁。

(18)「縄伸び」とは実測面積が登記面積を上回った差分を指す。用地買収は登記面積で行われることが一般的であり、実測値がそれを上回った場合にこれを「縄伸び」と称する。三井団地の場合はこれを道路用地として活用している。
(19) 前掲『永遠の郷土』19－28頁。
(20)「減歩」とは耕地整理・区画整理等の開発事業で生じる地権者の所有面積減少率のことである。主に道路用地の確保のため、所有面積が減少することが多いが、同事業のように工事費用獲得のため、事業用地の一部を販売することによって生じる減歩も存在する。
(21)「換地」とは耕地整理・区画整理等の開発事業の過程で生じる地権者の所有権の移動を意味する用語である。多目的土地造成事業の過程において区画が変更された所有する土地の位置が変更になることがあり得るが、それを土地の売買とみなして課税の対象とするかどうかが問題となった事例である。
(22) 前掲『永遠の郷土』29－35頁。
(23) 前掲『永遠の郷土』36－44頁。
(24) 前掲『永遠の郷土』45－56頁。
(25) 株式会社オオバ『永久の故郷－金程向原土地区画事業完成記念誌－』(金程向原土地区画整理組合、1988年）141頁。
(26) 前掲『永久の故郷』181－182頁。
(27) 前掲『永久の故郷』187－189頁。
(28) 前掲『永遠の郷土』57－62頁。
(29) 前掲『永久の故郷』175頁。

(30) 前掲『永久の故郷』144頁。
(31) 前掲『ふるさと柿生に生きて』80頁。
(32) 地域社会計画センター編『新百合丘〝まちづくり物語〟みんなで街をつくった』(財団法人川崎新都心街づくり財団、1998年)6頁。
(33) 前掲『新百合丘〝まちづくり物語〟みんなで街をつくった』6頁。
(34) 前掲『新百合丘〝まちづくり物語〟みんなで街をつくった』7頁。
(35) 地域社会計画センター編『新百合丘　ふるさとの心が鼓動するまちづくり』(川崎市企画調整局、1984年)13頁。
(36) 前掲『新百合丘〝まちづくり物語〟みんなで街をつくった』8頁。
(37) 前掲『ふるさと柿生に生きて』80−87頁。
(38) 田中敏雄『金程山春秋』(2000年)110頁。
(39) 前掲『新百合丘〝まちづくり物語〟みんなで街をつくった』9−11頁。
(40) 前掲『新百合丘〝まちづくり物語〟みんなで街をつくった』11−12頁。
(41) 市職員プロジェクトチーム編『季節のぬけ道−新百合丘パートナーシップの街づくりへの小さな一歩−』(川崎新都心街づくり財団、1998年)
(42) 前掲『ふるさと柿生に生きて』88−95頁。
(43) 前掲『ふるさと柿生に生きて』95−101頁。
(44) 「栗木−明日へ語り継ぐ−」出版編集委員会編『栗木−明日へ語り継ぐ−』(2009年)134頁。
(45) 前掲『栗木−明日へ語り継ぐ』149頁。当時小田急電鉄宅地造成課区画整理事業担当となった荒川正による回想。
(46) 前掲『ふるさと柿生に生きて』35－40頁。
(47) 前掲『ふるさと柿生に生きて』40－43頁。
(48) 前掲『ふるさと柿生に生きて』45－50頁。
(49) 片平土地区画整理組合『竣功記念誌　片平土地区画整理事業のあゆみ』（２００７年）13頁。
(50) 前掲『竣功記念誌　片平土地区画整理事業のあゆみ』15頁。
(51) 前掲『ふるさと柿生に生きて』51－54頁。
(52) 前掲『栗木－明日へ語り継ぐ』１３９頁。
(53) 前掲『栗木－明日へ語り継ぐ』１４０－１４１頁。
(54) 前掲『栗木－明日へ語り継ぐ』１４２頁。
(55) 前掲『栗木－明日へ語り継ぐ』１４２頁。
(56) 前掲『ふるさと柿生に生きて』54－59頁。
(57) 前掲『栗木－明日へ語り継ぐ』１５２頁。
(58) 前掲『栗木－明日へ語り継ぐ』１５６－１５８頁。
(59) 前掲『栗木－明日へ語り継ぐ』１５８頁。
(60) 前掲『栗木－明日へ語り継ぐ』１６０頁。
(61) 前掲『栗木－明日へ語り継ぐ』１６１頁。
(62) 栗木第二土地区画整理組合『栗木第二土地区画整理事業完成記念誌』㈱地計社、２０００年）13頁。
(63) 前掲『栗木－明日へ語り継ぐ』１６２頁。

(64) 前掲『ふるさと柿生に生きて』60－68頁。
(65) 前掲『栗木－明日へ語り継ぐ』162－163頁。
(66) 前掲『ふるさと柿生に生きて』70－74頁。
(67) 前掲『ふるさと柿生に生きて』75－79頁。

第5章　地域経済と財政―老朽化が進むインフラにどう立ち向かうか

徐　一睿

はじめに

社会資本とは、「人々が生活を営み、産業が生産活動を行うのに必要不可欠な基盤となる施設」であるとし、一般的には①道路・鉄道・港湾・空港等の交通基盤施設、②上下水道・都市公園・教育・文化・福祉厚生施設等の生活基盤施設、③河川・砂防・海岸等の国土保全防災施設、④農林漁業基盤施設等の生産基盤施設などを総称していうとされている。インフラストラクチャーとは、土台また下部構造であり、社会の基盤となる。これは社会資本とほぼ同じ意味で使われることが多い。本章では、社会資本のことを総じて、インフラと呼ぶ。この社会資本はさらに、政府資本と民間資本に分けることができる。社会資本の整備を行う際に、その主体は政府となるか、それとも民間となるかについて、明確な線引きはない。しかし、戦後日本の社会資本整備の歴史を振り返ると、社会資本の多くは行政投資によって実現されている。

戦後の日本、瓦礫からの復興を経て、人口の急増、都市の膨張、モータリゼーションの進展等により、社会資本に対するニーズが急増、加えて1964年の東京オリンピック大会と1970年の大阪万博は日本国内における大規模なインフラ整備に拍車をかけた。高度成長期を経て、地域間の不均衡発展を是正するため、インフラ整備は都市部から地方へ拡大、人々の生活基盤としてのインフラが政府資本によって拡充され、日本社会は大きく変貌を遂げていった。しかし、時代の変化とともに、かつて、経済発展を促進し、人々に豊かな暮らしをもたらしていたインフラ整備は、むしろ人々の将来の不安をもたらす材料となり、インフラに投入する財源の大幅な削減が余儀なくされ、かつての公共投資によって支えられた社会も崩壊の一途を辿った。近年、大地震によって誘発するインフラの倒壊やインフラの老朽化自体が原因で発生する事故により、かつて、人々を豊かにさせてきたインフラが人々の生命財産を脅かす存在に豹変させている。

集中して投資を重ねてきたインフラは集中的に老朽化が進む今、このインフラの老朽化問題にどのように立ち向かうかという新しい政策課題が浮上してきた。本章は、インフラの老朽化問題に焦点を当てて、日本の公共投資の歴史を振り返りつつ、2012年に成立された「国土強靭化基本法」に着目し、近年国が推し進めようとするPPP（公私連携）の可能性を探り、その問題点を提示したい。

Ⅰ　インフラ老朽化時代の到来

戦後、焼け野原から再スタートをした日本、10年余りの戦後復興期を経て、高度成長期に入った。東京を中心とした人口の急増、都市の膨張、クルマ社会の進展などにより、様々なインフラ整備が喫緊の課題となった。特に、道路問題は深刻である。日本政府が、名神高速道路をはじめとする東京－神戸間の高速道路建設の調査のために、招いた世界銀行のワトキンス調査団が１９５６年に発表した報告書に「日本の道路は信じ難い程悪い。工業国にしてこれ程完全にその道路網を無視してきた国は日本の他にない」と日本の道路事情の劣悪さを批判している(1)。

１９６４年の東京オリンピックの開催は、日本のインフラ整備加速のきっかけとなった。１９６２年の首都高速道路、63年の名神高速に続き、64年の東京オリンピック開会式の直前には東海道新幹線が開通した。１９６８年には東名高速が開通するようになった。70年代初頭、橋りょうは全国で毎年約１万橋、公営住宅は約10万戸建設された。日本は高度成長の波に乗って、凄まじい変貌を遂げていった。しかし、これら集中的に投資されたインフラは時間が経つにつれて、集中的に老朽化の時代に突入してきている。

インフラの老朽化を放置すれば、人々の暮らしの安全を脅かすものになる。日本は地震多発国である。地震をきっかけに老朽化が進むインフラは大きな事故に繋がる。２０１１年の東日本大震災で、インフラの被害が多く見られている。震災地から遠く離れている神奈川県の藤沢市の市役所本庁舎を含め、各地で約30棟の庁舎が使用停止になった。茨城県の行方市と鉾田市を結ぶ鹿行大橋の崩落、福島県須賀川市の藤沼ダムの決壊は死亡事故に繋がった。福島県須賀川市の藤沼ダムは築63年の老朽化したダムで、堤防が決壊したことで、貯水すべてが流出し、下流の集落を押し流し7名が死亡、1名が行方不明という大惨事に発展した。２０１１年5月15日の日本経済新聞では、「もうひとつの『津波』現場　福島・藤沼湖」というテーマでこの大惨事を報じた。福島県に限定して見れば、農業用ダム（堤15メートル以上）とため池（堤15メートル未満）が合わせて３７３０箇所があったが、このうち７５０箇所が大震災で堤の一部が崩れるなどの被害に遭った。２０１６年4月14日に発生した熊本大地震でも、老朽化による被害が発生していた。宇土市、八代市、人吉市、益城町、大津町の庁舎が損壊し、使用停止となった。なかでも築年数50年の宇土市役所庁舎は、5階建ての4階部分が完全に押しつぶされた。そのほかに、多くの公立小中学校の体育館が損壊し、築47年の八代市立病院が倒壊の危険性があるとされ、使用停止となった。地震という自然災害によって、インフラの老朽化問題が表面化したと言える。以上では、地震という外部条件によって誘発された事故であるのに対して、地震と関係なく、インフラの老朽化自体が人々に注目されるようになったのは２０１２年の笹子トンネル事故であった。２０１２年12月2日に、中央自動車道上り線笹子トンネル山梨県大月市側出口から約１７００ｍの部分から天井板が突然崩落し、居合わせたトンネル通行車

表５－１　全国の建設後50年以上経過する社会資本の割合

	2010年	2013年	2018年	2023年	2033年
道路橋［約73万橋］	約８％	約14％	約25％	約39％	約63％
トンネル［約１万１千本］		約13％	約20％	約27％	約42％
河川管理施設（水門等）［約１万施設］	約23％	約25％	約32％	約42％	約62％
下水道管きょ［総延長：約47万 km］	約２％	約２％	約４％	約８％	約21％
港湾岸壁［約５千施設］	約５％	約８％	約17％	約32％	約58％

出所：国土交通省資料により筆者作成。

が次々と下敷きになった。この事故で、合計９名の死者が出る大惨事となった。

この事故をきっかけに、国と自治体などのインフラ管理者を中心に戦略的なメンテナンスの取り組みが進められるようになった。国土交通省がインフラメンテナンス情報の専門ＨＰを公開するようになり、社会資本の老朽化の現状と将来予測を発表している。表５－１は、全国の建設後50年以上経過する社会資本の割合を示したものである。ここから確認できるように、インフラ施設の老朽化問題は時間が経過するにつれて、一層深刻な問題になっている。２０３３年になると、道路橋の63％、トンネルの42％、河川管理施設の62％、下水道管きょの21％、港湾岸壁の58％も建設後50年以上経過すると見込まれている。

１９７０年代前後にインフラ投資を集中させて高度成長に寄与した経緯があるが、将来確実に到来する老朽化問題に備えるという発想はなく、多くの予算を新規インフラ投資に割り当てた。笹子トンネル事故をきっかけに、国はやっと重い腰を上げるようになった。２０１３年に、国土交通省は「インフラ長寿命化基本計画」を策定

表５－２　北海道管理の施設老朽化状況（2015年）

施設	施設数	建設後50年以上経過している施設数割合		
		現在	10年後	20年後
道路橋りょう	5292橋	6	27	51
下水道管路など	358キロ	0	0	35
河川管理施設	5223基	1	10	41
治水ダム	17基	0	6	41
砂防えん堤	1146基	6	33	55
海岸保全施設	40ヶ所	3	44	53
林道橋りょう	707橋	10	62	91
治山ダム	24560基	8	34	53
漁港	282ヶ所	82	88	97
堤防・護岸	183ヶ所	18	68	89
庁舎	1966棟	4	27	49
学校施設	267校	1	4	42

出所：毎日新聞2015. 8. 23地方版、北海道27頁により筆者作成

し、２０３０年までに老朽化に起因する重要インフラの重大事故ゼロを目標に、安全で強靭なインフラシステムを構築するためのロードマップを示した。これに受けて、２０１３年に道路法が改正され、道路管理者は予防保全の観点から道路を点検することが明確化され、５年に一度の定期点検が制度化されるようになった。道路だけでなく、河川や港湾法なども改正され、ほとんどのインフラ施設で適切な維持管理が求められるようになった。地方自治体も、インフラ老朽化に対する点検、そして、維持・管理方法の方向性を示す「行動計画」の策定に乗り出している。毎日新聞２０１５年８月23日の記事で北海道における主要施設の建設年数の統計を出している。表５－２から確認できるように、２０１５年現在、北海道の施設老朽化比率はまだ高いとは

言えないが、20年後にかけて、急速な老朽化が進むと予想されている。自治体は管理状況をしっかり把握し、出来るだけ早く点検・補修に取り組み、「壊れたら直す」から「壊れる前に」に政策を転換する必要が生じている。

Ⅱ　増え続ける維持管理・更新費

老朽化が進む社会インフラの維持管理や更新に莫大なカネがかかる。２０１１年度の『国土交通白書』に衝撃的な未来予測データが公表されている。図５－１で示されているように、行政投資予算は２０１０年度以降対前年度比±０％で、維持管理・更新に従来どおりの費用の支出を継続すると仮定すると、２０３７年度には維持管理・更新費が投資総額を上回る。２０１１年度から２０６０年度までの50年間に必要な更新費（約１９０兆円）のうち、約30兆円（全体必要額の約16％）の不足分が出ると試算されている。

２０１３年の「基本計画」の策定を受けて、国土交通省は２０１３年と２０１８年の２回に渡り、国土交通省所管の維持管理・更新費の将来推計を試算した。２０１３年度では、10分野（道路、治水、下水道、港湾、公営住宅、公園、海岸、空港、航路標識、官庁施設）に対する推計を行った結果、２０１３年では約３・６兆円、２０２３年度では約４・３－５・１兆円、２０３３年度では約４・６－５・５兆円と維持管理・更新費が膨らむと推計された。２０１８

図5－1　新規インフラ投資予算が消える未来

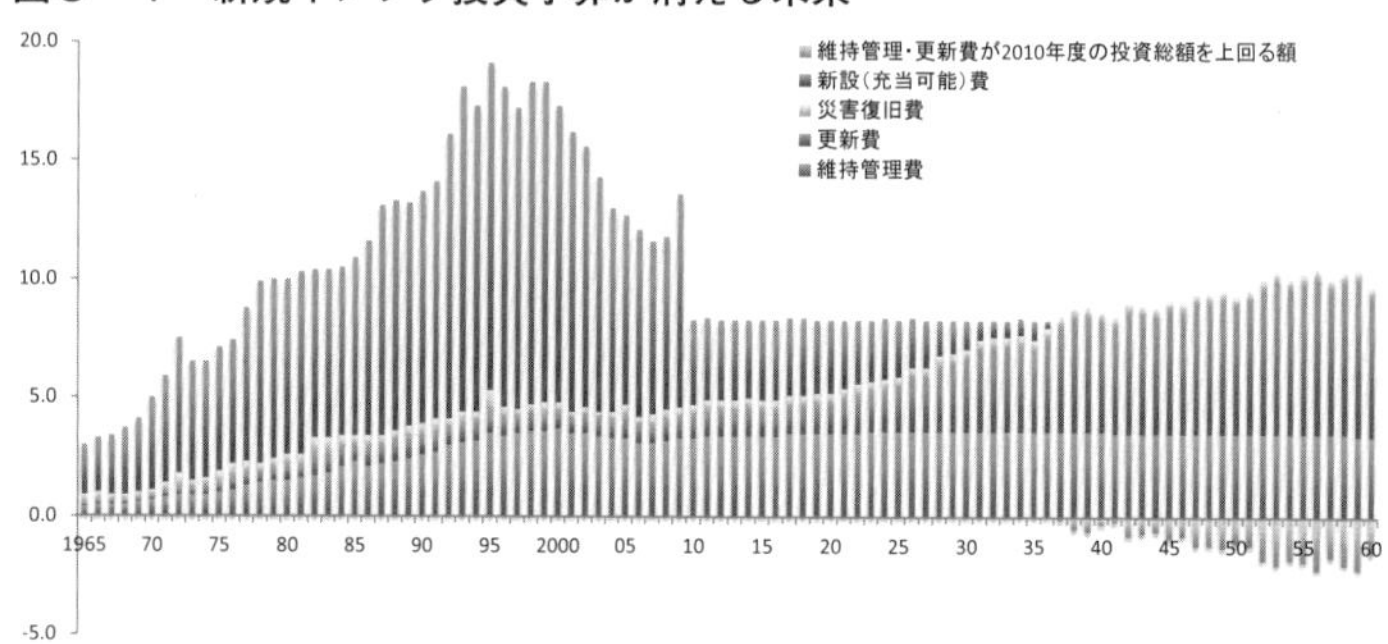

出所：『国土交通白書』2011年度版により筆者作成

表5－3　インフラ維持管理・更新費に対する将来予測（2018年版）

	2018年度	5年後（2023年度）	10年後（2028年度）	20年後（2038年度）	30年後（2048年度）	30年間　合計（2019～2048年度）
①平成30年度推計（予防保全を基本）	5.2	〔1.2〕 5.5 ～ 6.0	〔1.2〕 5.8 ～ 6.4	〔1.3〕 6.0 ～ 6.6	〔1.3〕 5.9 ～ 6.5	176.5 ～ 194.6
②平成30年度試算（事後保全を基本）	5.2	〔1.6〕 7.6 ～ 8.5	〔1.6〕 7.7 ～ 8.4	〔1.9〕 8.6 ～ 9.8	〔2.4〕 10.9 ～ 12.3	254.4 ～ 284.6
長寿命化等による効率化の効果（(①-②/②)）	-	▲ 29%	▲ 25%	▲ 32%	▲ 47%	▲ 32%

凡例：〔　〕の値は2018年度に対する倍率

出所：「国土交通省所管分野における社会資本の将来の維持管理・更新費の推計」により

年では、国土交通省所管12分野（道路、河川・ダム、砂防、海岸、下水道、港湾、空港、航路標識、公園、公営住宅、官庁施設、観測施設）に対する推計を行った。今回の推計は予防保全を基本とする方法と事後保全を基本とする方法の2種類に分けて、推計を行った。

表5－3から確認できるように、「事後保全」より「予防保全」が予算の抑制に効果的である。30年間の合計から見ると、予防保全は176・5－194・6兆円がかかるのに対して、事後保全は254・4－284・6兆円がかかる見込みとなる。

表５－４　公共インフラの年あたり更新投資必要額に対する試算

	更新投資必要額（兆円）	数量
公共施設（国）	0.4	49229千 m²
公共施設（地方、行政施設）	0.6	71416千 m²
公共施設（地方・学校）	1.5	229951千 m²
公共施設（地方・公営住宅）	0.9	157003千 m²
公共施設（地方・その他）	1.3	175120千 m²
道路（舗装）	1	約3100km²
橋梁	0.6	79876千 m²
水道（管路）	1.7	653618km
公共下水道（管路）	1.1	45936km
計	8.9	

出所：根本祐二（2016）「インフラ老朽化への対策」日本経済新聞社、経済教室、2016.5.12

国土交通省として、インフラの老朽化問題は、人間と同じように、病気が罹ってから受診するのではなく、普段から健康維持に心がけ早めに対処すべきだという考えを示した。このような方法転換を行った結果、２０１１年度の国土交通白書で発表されたものと比べると、インフラの長寿命化を図ることで、更新費をある程度抑制することができるが、それにしても、毎年約６兆円の維持管理・更新費が発生する計算となる。

国の試算とは別に、東洋大学の根本祐二氏は独自の試算結果を２０１６年5月12日の日本経済新聞の経済教室に公表している。国の12分野に対して、根本氏は、公共施設、道路、橋梁、水道（管路）、公共下水道（管路）の5種類に絞り、さらに公共施設に対して、国と地方の所管別、さらに学校、公営住宅、その他に区分して計算を行った。表５－４から確認できるように、５分野だけでも、年間は８・９

兆円に上る更新投資が必要という計算結果であった。根本教授は、この莫大な更新投資について、「2〜3年の景気対策ではなく、永久に確保し続けることは不可能であろう」と警鐘を鳴らしている。道路、水道、公共下水道などはライフラインであり、庁舎や学校は防災機能を果たす避難所である。住民の安全な暮らしを守るという意味において、これらのインフラを守るのは行政の義務である。しかし、インフラ更新の予算を確保することができなければ、行政の義務を果たすことは、全く無理な話である。

Ⅲ　大きく揺れる公共事業財政

日本の公共事業財政の展開は歴史的にみて大きく揺れている。財政と公共事業の歴史を考察するため、本節は、井手英策、諸富徹、小西砂千夫が編著した3冊の『日本財政の現代史』を中心に戦後から現在までの歴史を振り返ってみよう。

図5－2は行政投資の対GDP比の歴史推移を表すものである。この図から確認できるように、1958年から1978年まで、行政投資の対GDP比は増え続け、1958年の6・0%から1978年には11・9%に上昇した。井手（2014）はこの時期を「土建国家の形成期」と指摘した。公共投資に支えられた社会がこの時期の重要な特徴である。1960年、池田勇人政権が「国民所得倍増計画」を打ち出し、この計画は、国民総生産の倍増を通じて完全雇用

図５－２　行政投資の対GDP比の歴史的推移

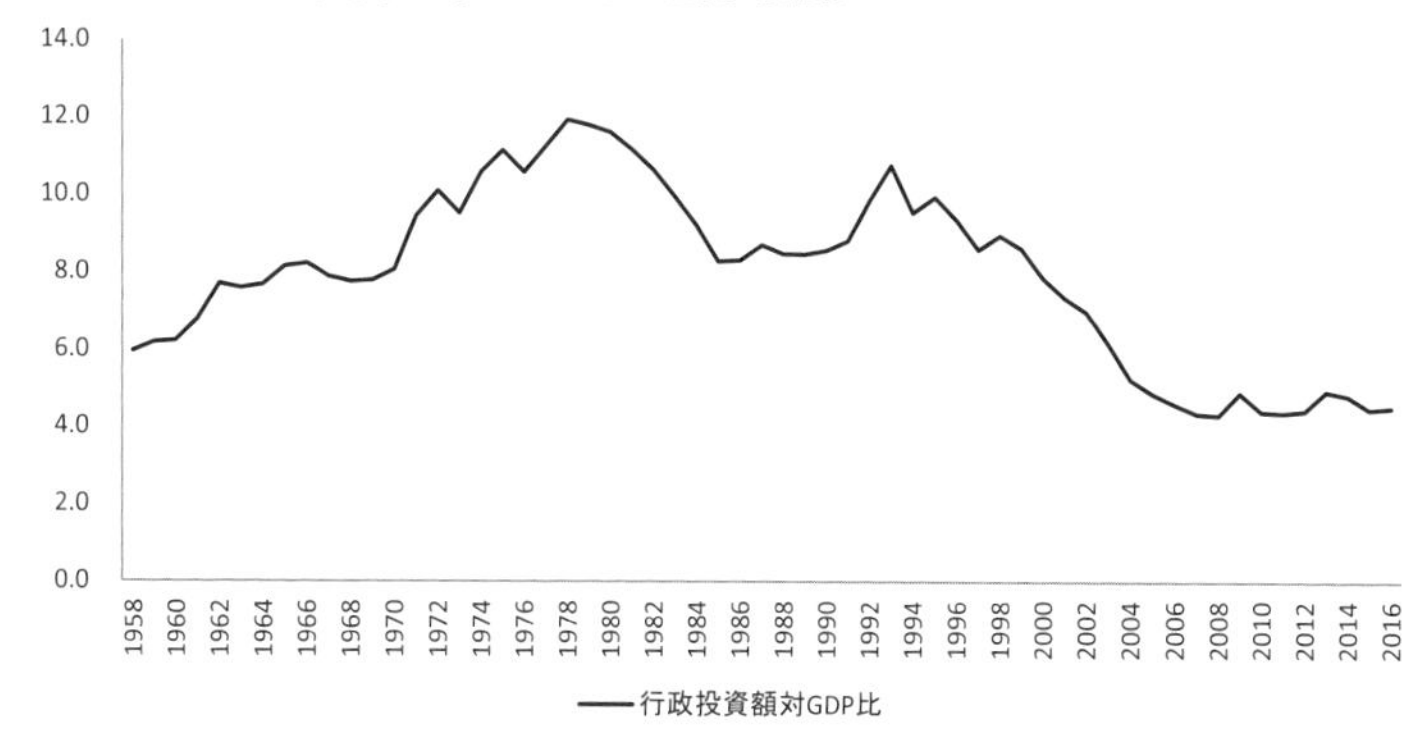

出所：『行政投資実績』各年版より筆者作成

の達成を図り、国民の生活水準を引き上げることをねらいとして実施した。池田は、所得倍増計画を通じて既存の４大工業地帯を連結し、巨大な生産単位を形成する「太平洋ベルト地帯構想」を打ち出した。ベルト地域以外の自治体の強い反発もあって、１９６２年10月に「地域間の均衡ある発展」を標榜する全国総合開発計画を策定し、道路、鉄道、港湾、工業用水道などの基盤整備のために公共投資を重点投入した。１９６９年の新全国総合開発計画（新全総）以降、公共投資の比重が急増し、地方圏への公共投資が重視されるようになっていった(2)。

70年代に入り、アメリカのニクソン大統領がドルと金の交換停止を表明し、いわゆるニクソンショックで、通貨制度の不安定化が日本の財政を直撃した。さらにこれに追い討ちをかけたのは１９７３年の石油危機であった。こうした外部経済環境の変化に加え、国内の政治の場では、地方首長選挙で社会党（当時）や共産党などの革新知事が次々に誕生したこともあって、都市問題、環境問題は重要な政治争点となっていた。井手（２０１４）が指摘したように、１９７２年７月に誕生した田中角栄自民党政権は、「日本列島改造論」を打ち出し、インフラの地方へのシフトを行いつつ、下水道や公園建設といった生活環境整備名目の公共投資を増大させて都市的ニーズに対応し、福祉元年の取組みと相まって、１９７０年代の後半には革新自治体の勢力を一掃することに成功した。公共投資の拡充がピークに達するのは１９７６年12月に誕生した福田赳夫政権期のことである。その背景には、日独機関車論の存在がある。日独機関車論とは、石油危機がもたらした経済へのダメージをいち早く克服した日本と西ドイツが世界経済のけん引役となるべきとする議論で、貿易黒字の増大が顕著であった日本に対して、アメリカが景気対策の実施を強く要求した。抵抗するドイツ政府と異なり、日本政府はこの要求をむしろ積極的に受け入れた。福田首相は１９７７年のロンドン・サミットにおいてこの数値目標の受け入れを表明し、さらに翌年のボン・サミットで実質７％成長を国際公約として掲げた。井手（２０１４）は、「土建国家は、田中の日本列島改造論、福田の国際公約を経て、ほぼその骨格を固めおえた」と指摘している。

積極的な行政投資を拡大し続け、それに高度成長から中成長への転換過程に伴う税収自然増の減少も加わって、政府の国債依存度が急速に上昇した。増え続ける財政赤字を削減しなければならないが、増税という選択は政治の現場に固く拒否され、「増税なき財政路線」に沿って、電電公社や国鉄などの民営化を進めると同時に、公共投資支出の抑制に力を入れていた。

しかし、1985年のプラザ合意後の円高不況やバブル経済の崩壊が相次ぎ、経済安定化を図るための景気対策として、公共投資は再び脚光をあびるようになった。70年代末に行政投資の対GDP比の減少傾向は85年以降、下げ止まり、バブル崩壊後の1993年に、行政投資の対GDP比は再び10%を超えるようになった。

図5－2から確認できるように、行政投資の対GDP比は、名目GDPがマイナスを記録した1998年を除けば、2008年のリーマンショックが到来するまでの10数年間は下げ続けていた。その背景について、諸富徹が編者として出版した『日本財政の現代史Ⅱ』の第4章に詳しく紹介されている。著者である門野によると、1995年11月に当時の武村正義大蔵相が、96年度の予算編成において赤字国債の大量発行が見込まれることを根拠に「財政危機宣言」を表明して以降、財政再建の動きが急速に強まることになった。1996年12月に公表された「財政構造改革特別部会最終報告」では、公共投資について、「わが国の財政のおかれた状況を踏まえれば、今後の公共投資予算については、抑制基調としていく必要がある。これまで景気対策のための公共投資の大幅な追加が行われてきたが、欧米諸国の経験にも照らし、こうした過度に財政に依存した経済運営について見直すべき時期に来ている」という認識が示された。1997年3月に橋本龍太郎首相が「公共投資基本計画」の縮減などを含む「財政構造改革5原則」を示し、1997年11月28日に、財政健全化を図ることを目的とする「財政構造改革の推進に関する特別措置法」が成立させた。当法案は、財政健全化を図るための具体策を盛り込

図５－３　行政投資額の歴史推移

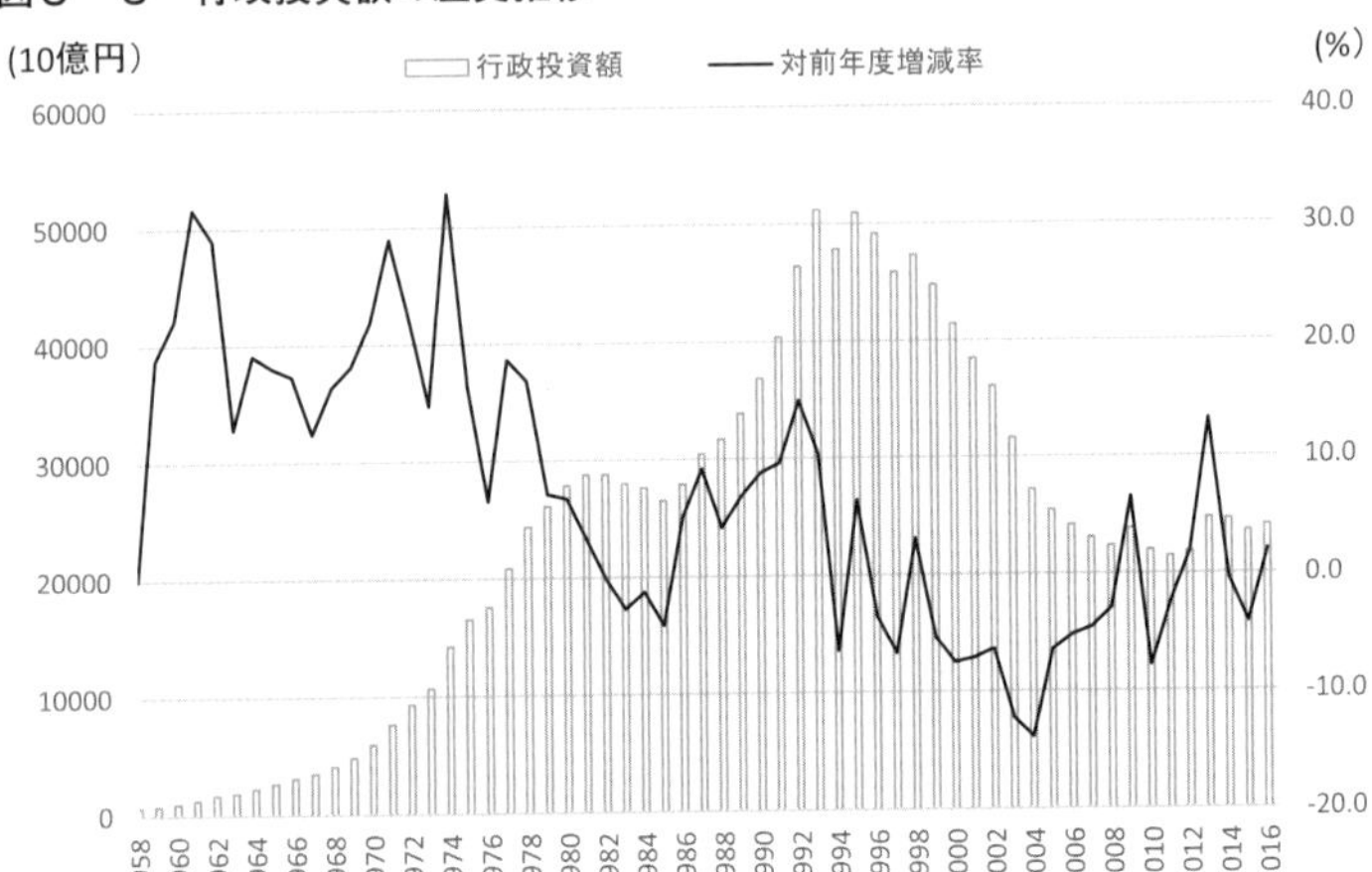

出所：『行政投資実績』各年版より筆者作成

んだ。⑴２００３年度までに、国と地方を合せた財政赤字をＧＤＰ比３％（97年は５・４％）以下に抑え、赤字国債の発行をゼロにする。⑵公共事業や社会保障を含む主要経費の削減目標値を定めるなどを柱とした。

橋本政権で財政構造改革法が成立されたものの、１９９７年アジア金融危機の影響もあって、成立のわずか10日後には、景気対策の編成が余儀なくされ、景気の停滞が予想以上に長引いたこともあって、１９９８年の５月には、赤字国債縮減規定の緩和や財政健全化目標年次が２００５年までに延長された。その後に行われた夏の参議院選挙で自民党は大幅な議席減となり、橋本内閣の退陣に追い込まれた。橋本龍太郎首相の後任である小渕恵三首相は１９９８年12月に、財政構造改革法を凍結し、景気回復を最優先することにした。

図5－3は行政投資額の歴史的推移を示したものである。ここからも確認できるように、1997から1998年にかけて、行政投資総額は一時的に増加したものの、その後、投資額は急激に減少するようになった。1998年に47兆もあった行政投資が、リーマンショックが発生した2008年に22兆となり、10年間で、行政投資額は半分以上に減額された。リーマンショックへの緊急対応として、拡張的に財政政策が講じられた結果、2009年に行政投資の下げ泊まりが見られたものの、2010年と2011年には、行政投資額が再び減少するようになり、2011年に21兆4657億円となり、1978年の行政投資額と同水準となった。

小西砂千夫が編著した『日本財政の現代史Ⅲ』において、2000年以降の公共投資について、「無駄の象徴」あるいは既得権益の塊として、強い批判の対象であったことが指摘されている。[3] 2001年小泉政権が登場してから、政府は国の直接の公共投資額を削減すると同時に、地方交付税を通じた公共投資奨励の削減に取り組み、さらに、財政投融資資金の受け皿であった政府系金融機構や特殊法人などに対する批判を通じて、道路公団の民営化を行った。小泉政権以降、安倍（第1次政権）、福田の2000年代前半の自民党政権下で公共投資に対する総額の削減は確かだが、公共投資の配分方式の変化も著しく確認できる。公共投資について、政府は、地方の責任を強めると同時に、必要分野、特に成長戦略と関連した部分への集中投資を行う方向に転換した。

民主党が小泉政権および以降の自民党政権のこうした路線に厳しく批判し、政権交代の基盤を作り上げ、２００９年夏の衆議院選挙で民主党は歴史的勝利を収めた政権交代を実現した。しかし、民主党の選挙に掲げるマニフェストに、今まで自民党と変わらず、むしろより一層公共投資の削減を求める批判的意見が掲げられている。民主党は、「コンクリートから人へ」を政権公約とし、「時代に合わない国の大型直轄事業の全面的見直し」を行おうとした。民主党が政権取得後も、一般公開型の事業仕分けを行い、群馬県長野原町に建設予定で事業が進められてきた「八ッ場ダム」をはじめ、国が関与するダム、導水路事業１４３カ所の見直しを行った。２０１０年度の予算総額は92・３兆円に達する一方、公共事業費は大幅に削減された。こうして、「コンクリートから人への」政策方針が貫徹されているかのように見えるが、政権内外の反対のもあって、２０１０年の参院選に向けたマニフェストに「コンクリートから人へ」の文言が密かに消えるようになった。

２０１１年３月11日の東日本大震災以降、復興事業という形で公共事業が再び拡大するようになった。図５－３から確認できるように、２０１２年の行政投資額の対前年比は１・９％増加し、２０１３年の対前年比は13・２％となる。２００８年のリーマンショック以降、麻生政権が補正予算を組んで、公共投資の拡大を図ったものの、２００９年の行政投資増加率も６・５％に止まっていたが、２０１３年の増加率は２０００年に入ってから稀に見る高成長であった。

２０１１年に発生した東日本大震災、そして、２０１２年12月２日笹子トンネルの崩落事故の発生に加え、急速に減少した公共事業費が漸く問題視されるようになった。２０１２年12月11日に、第２次安倍政権で、「国土強靱基本法」が施行された。同法の基本理念は「東日本大震災から得られた教訓を踏まえ、必要な事前防災および減災その他迅速な復旧復興に資する施策を総合的かつ計画的に実施することが重要であるとともに、国際競争力の向上に資することを鑑み、明確な目標の下に、大規模自然災害等からの国民の生命、身体および財産の保護並びに大規模自然災害などの国民生活および国民経済に及ぼす影響の最小化に関連する分野について現状の評価を行うことなどを通じて、当該施策を適切に策定し、これを国の計画に定めることなどにより、行われなければならない」とし、施策の策定・実施の方針として、「①既存社会資本の有効活用などにより、費用の削減を図ること、②施設または設備の効率的かつ効果的な維持管理に資すること、③地域の特性に応じて、自然との共生及び環境との調和に配慮すること、④民間の資金の積極的な活用を図ること、⑤大規模自然災害等に対する脆弱性の評価を行うこと、⑥人命を保護する観点から、土地の合理的利用を促進すること、⑦科学的知見に基づく研究開発の推進及びその成果の普及を図ること」を挙げている。さらに、国土強靭化推進本部を内閣に設置し、国土強靭化に関する施策の総合的・計画的推進を行う。図５－２と図５－３から見て取れるように、２０００年入ってから、一貫して下がる傾向だった行政投資額は２０１２年からその減少傾向が止まった。

以上見てきたように、東日本大震災に、笹子トンネルの崩落事故を起因に、国土強靭化法が成立するなど、インフラの老朽化問題は重要視されるようになった。しかし、図5－2と図5－3で確認できるように、行政投資額は２０１２年以降、２０００年以降の減少傾向が止まり、２０１３年の行政投資額の対前年比と行政投資額の対GDP比は増加したものの、その後２０１４年と２０１５年は再び減少傾向が見られた。直近の２０１９年度の予算案を見てみると、国土交通省の公共事業関係予算は平成31年度に6兆５９６億円となり、平成30年の5兆９７８９億円より８０７億円増となったが、増加率はわずか１・３％しかなかった。国土交通省の31年度の予算編成の基本的考え方としては、主に二つのポイントが置かれている。一つは、防災・減災対策強化のための個別補助化や老朽化対策、もう一つは、生産性向上のためのインフラ整備への重点化を推進することである。しかし、予算の増額ポイントをみると、「観光先進国」の実現するため、30年度２７６億円から31年度の６８１億円に増額、生産性向上のためのインフラ整備は、30年度の３５２２億円から31年度の３７３１億円に増額、この２つの項目だけで、国土交通省の予算増加分76％を占めた。老朽化対策により多くの予算を割り当てることはなかった。

国土強靭化を訴えつつ、一体どのように、インフラの老朽化に立ち向かうのか。この秘訣は、前記の国土強靭化法案の実施方針から見ることができる。この実施方針の第4項に、民間の資金を活用する方針を示していた。つまり、インフラの老朽化について、従来の公共事業としての行政投資ではなく、民間資金を導入して、インフラの老朽化に伴う維持管理・更新費を捻出することである。そこに注目されているのはＰＰＰ（公私連携）方式である。平成26年6月3日閣議決定した国土強靭化基本計画の基本方針の第３項に効率的な施策の推進が記載され、「限られた資金を最大限に活用するため、ＰＰＰ／ＰＦＩによる民間資金の積極的な活用を図ること」を明記した。

Ⅳ　ＰＰＰは救世主になりうるか？

World Bank（１９９７）は、ＰＰＰの事業スキームの形態を官民責任分担によって分類している。世界銀行の分類に基づき、山田（２００５）は、図５－４のように、ガバナンスと利用料金を中心に、このＰＰＰを従来型の政府供与方式と完全な民間供与方式の間に位置づけている。従来型業務委託は、行政が行う事業のうち、特定分野に限定された業務（清掃、警備など）を民間に外注する方式であり、そのうえ、管理契約は従来型業務委託より包括的となり、行政が保有する施設全体の管理（運転・維持管理など）の責任を民間事業者に移すものであった。さらに資産賃貸借契約は、民間事業者が公有施設の運転業務を行うため、一定期間に政府から施設を貸借するもので、政府は民間事業者から賃貸料を徴収することによって長期にわたり投下資本を回収する方式であった。民営化に近づけば近いほど、政府による事業に対する関与が弱くなり、民間事業者の事業範囲を拡大しつつ、政府が施設の利用料に対する収入も民間

図5－4　PPPの位置付けと主要PPP事業スキームの概念図

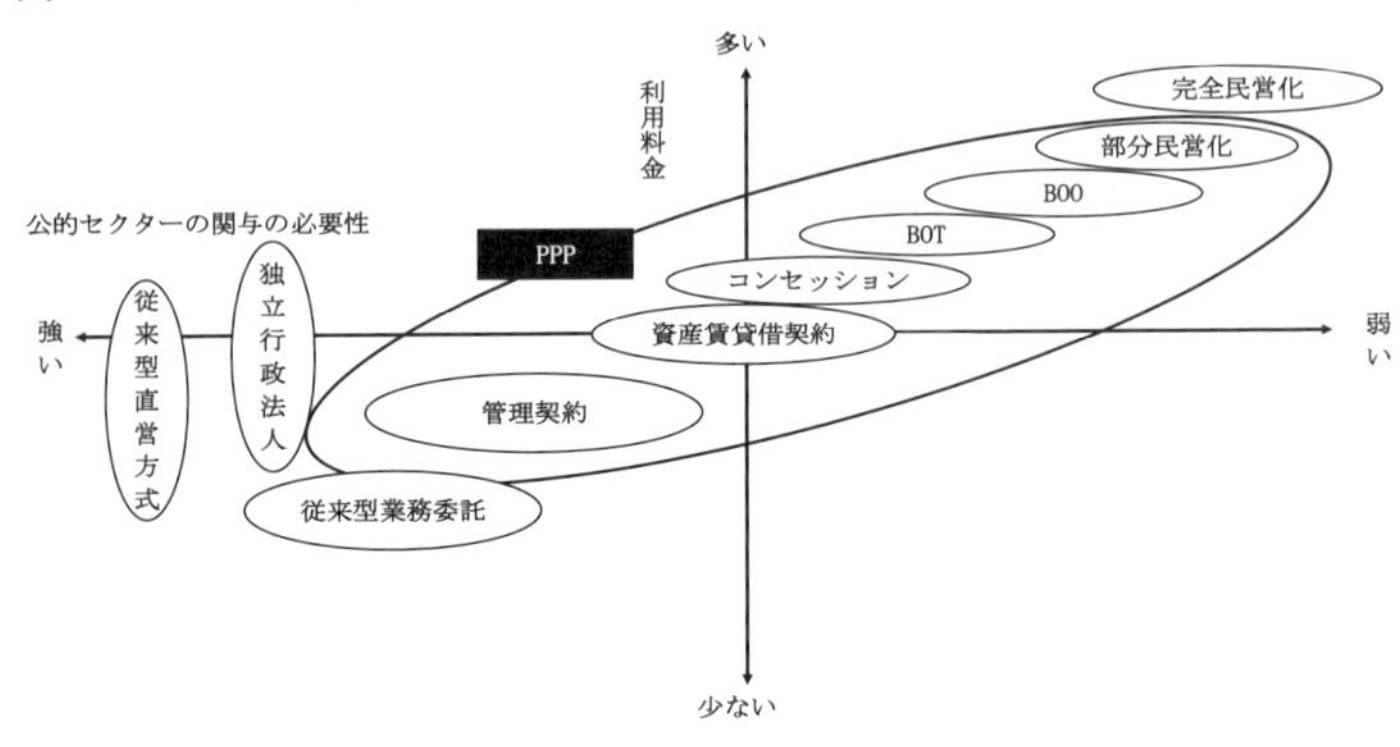

出所：山田（2005）より一部修正

事業者に移転することとなる。これが意味することは、公共施設に投じる運営・維持管理費の財源を、従来の税方式から「費（fee）」方式に転換させるということである。

インフラの建設・運営におけるＰＰＰの歴史は19世紀半ばにフランスで始まった水道事業のコンセッション方式にまでさかのぼるが、１９９０年代初頭の英国で民間資本の活用を基調とするＰＦＩ（Public Finance Initiative）の制度が導入され、その後、欧州から世界各国に広まり、現在に至るまで数多くのインフラプロジェクトに活用されてきた。

１９７０年代以降の通貨危機や石油危機を原因とする世界的な経済停滞をもたらしている。アメリカとイギリスを中心に、政府規模の肥大化や規制が資源配分を歪め、効率化を阻害しているという思想が広まり[4]、イギリスではサーチャリズム、アメリカではレーガノミックスが次々と誕生してきた。市場原理主義が主張され、政府は民間企業の行動について完全な情報を持っているわけではないので、規制が必ずしも効率性に結びつかないことがある。政府活動から様々な非効率をもたらすという「政府の失敗」論が高揚した時代であった。大島（２０１３）は、当時の先進国における財政改革の特徴を４つのＭに集約している。つまり、"to maintain"＝現行制度の維持、"modernization"＝行政システムの現代化、"marketization"＝その市場化、"minimization"＝その最小化である。こうした中、新公共管理（New Public Managemnent）ＮＰＭモデルが登場し、ＰＰＰが誕生する理論要素が整えたと言える。このＰＰＰを行う建前の理由として、民間参入によってサービス提供を向上させることであるが、しかし、当時のイギリスやアメリカの経済環境からして、その本音は、財政支出の拡大と税収確保の困難で、ＰＰＰを導入し、経営主義的国家活動で、財政収支のリバランスを取ることである。

イギリスのサッチャリズムとアメリカのレーガノミックスの影響を受けて、日本でも、ＰＰＰを導入する試みを始めた。１９８６年に、「民間事業者の能力の活用による特定施設の整備に関する臨時措置法」（いわゆる民活法）、１９９９年に「民間資本等の活用による公共施設等の整備等の促進に関する法律」（ＰＦＩ法）が成立し、公共施設の建設及び管理運営に民間企業参入できる制度が整えられた。さらに、２０１１年5月に改正ＰＦＩ法が成立し、内閣府はＰＰＰ／ＰＦＩの抜本改革に向けたアクションプランを作成し、２０２０年までに総事業費12兆円規模のＰＦＩ案件を推進しようとした。２０１１年の法改正を受けて、ほぼ全てのインフ

図５－５　コンセッション方式の概念図

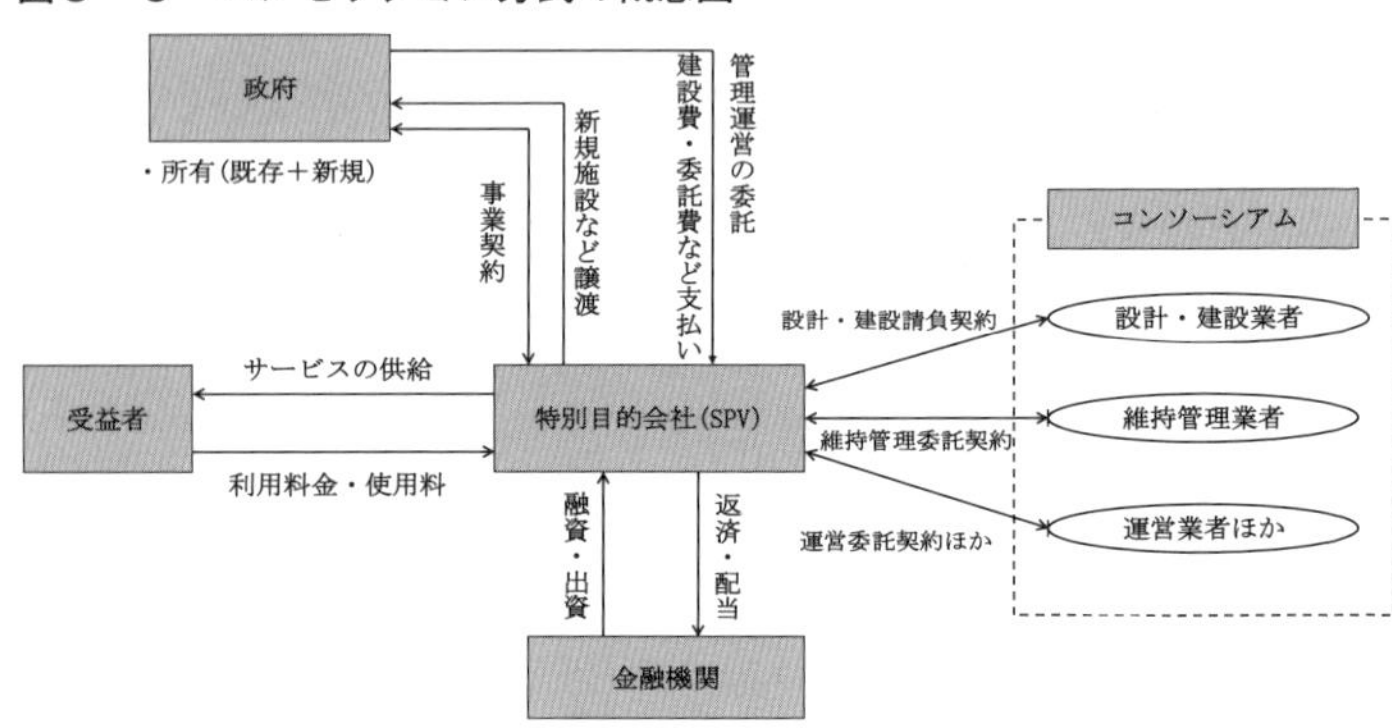

出所：山田（2005）より

ラに、自治体が施設を保有したまま事業運営を民間に委託する枠組み「コンセッション方式」が適用可能となった。

コンセッション方式は、公共事業経営について、事業経営権を取得した民間事業者に施設の管理運営が委託される方式である。この方式では、従来の業務委託、管理契約そして、資産賃貸借契約と異なり、民間事業者は特定の事業を遂行することだけを目的とした特別目的会社（ＳＰＶ）を設立することが必要である。このＳＰＶは設計・建設請負、施設維持管理、運営など、事業遂行に伴う様々な業務を実施するために、民間事業者と契約を結ぶ。運転資金や追加投資のための資金調達は、事業が生じるキャッシュフローを返済・配当の原資として、ＳＰＶ自身が金融機関からの借り入れや金融市場から調達しなければならない（図５－５）。

コンセッション方式により民営化に近いのは、ＢＯＴ方式である。この方式は、新規の経済インフラ整備の際

図５－６　ＢＯＴ方式の概念図

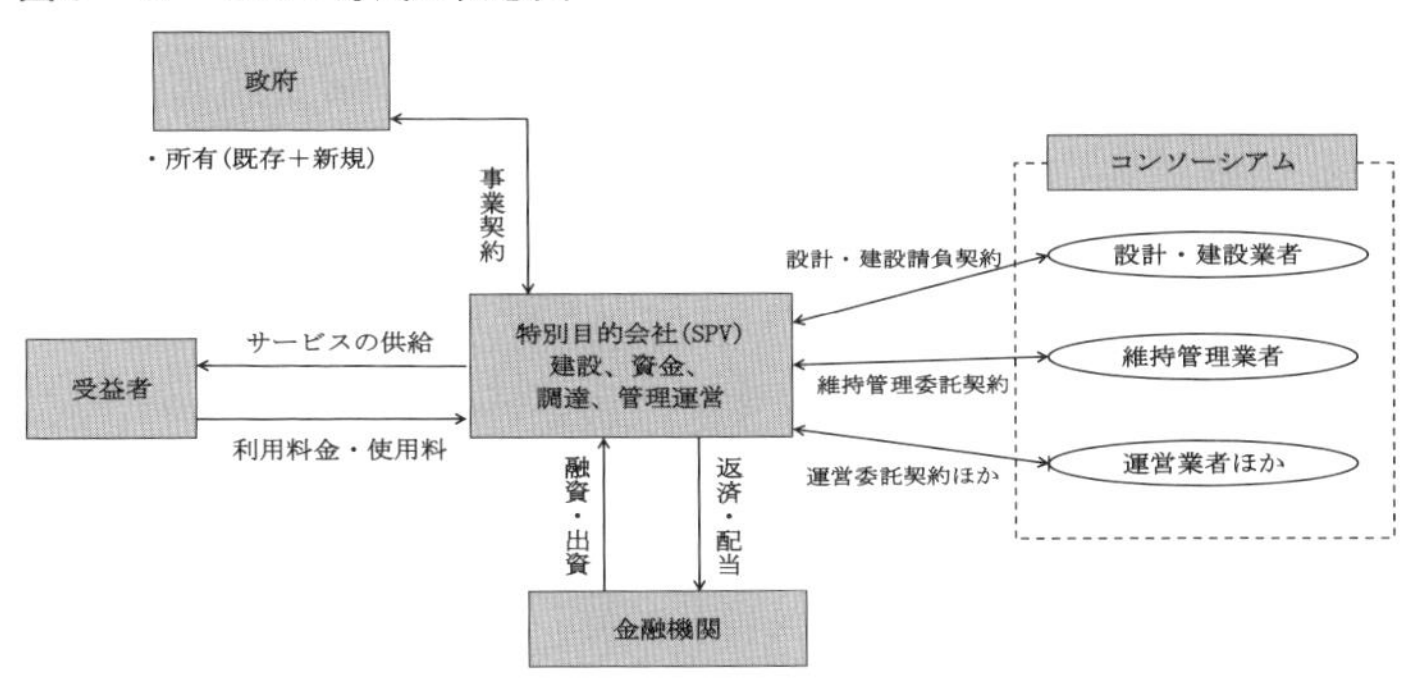

出所：山田（2005）より

に多く用いられる方式である。政府が特定のインフラプロジェクトを展開する際に、財源不足や運営ノウハウの欠如と言った理由から、民間事業体にプロジェクトの建設費を出させ、その代わりに、事前の合意に基づき、プロジェクトに対する所有権を得て、運営の際に得られる収益の一部ないし全部を民間事業体の収益とし、契約された一定の期間を過ぎた場合、民間が出資して作ったインフラは政府部門に移転・譲渡される。ＢＯＴ方式は、建設（Build）―運営（Operate）―移転・譲渡（Transfer）の頭文字を取ったものである。ＢＯＴの場合、コンセッション方式と同様に、事業遂行だけを目的としたＳＰＶを設立する必要がある（図５－６）。

ＢＯＴ方式とコンセッション方式の違いは、プロジェクトの所有権にある。コンセッション方式の場合、所有権を公的機関に残したまま、民間事業者は運営権を取得して、事業運営が行う。一方、ＢＯＴ方式では、契約書に基づく一定期間の所有権は政府部門から民間部門に移す必要がある。そのほかに、ＢＴＯ（Build Transfer and Operate）方式[5]、ＢＯＯ（Build Operate and Own）方式[6]など契約内容によって全く異なるＰＰＰ方式がある。

先進国において、多くの場合はコンセッション方式である。日本の国内において、東京国際空港国際線地区旅客ターミナルビル等整備・運営事業および同地区貨物ターミナル整備・運営事業のようなわずかのＢＯＴ事例を除けば、ほぼ全てコンセッション方式によるものである。先進国では、長年にかけて、インフラは財政負担で公共事業として行われ、インフラの新規投資というよりも既存のインフラの維持管理と更新を如何に解決するかという問題に直面している。このため、維持管理と更新のコストを民間に転嫁する目的でコンセッション方式を導入することが多い。一方、途上国において、経済力が弱いがゆえに、インフラはほとんど整備されておらず、新規のインフラ整備を税収で賄うことが困難のため、同じＰＰＰ方式を採用するとはいえ、ほとんどの途上国や新興国が採用しているのはＢＯＴ方式である。

世界銀行には、ＰＰＰプロジェクトのデータベースが構築されている[7]。このデータベースから世界各国のＰＰＰ事業案件を調べることができる。経済産業省が発表している「海外開発計画調査等事業（進出拠点整備・海外インフラ市場獲得事業（各国援助期間のＯＤＡ借款制度とＰＰＰ事業形成に係る基礎調査））報告書（２０１５）」において、ＰＰＰ事業件数が多い上位20ヵ国中、14ヵ国がG20構成国であり、そのうち1位はインド（８２０件）、2位中国（６７６件）、第3位はイギリス（５３２件）、第4位はブラジル（４５９件）となっており、さらに事業分野別にからみると、中国やインドを代表する新興国においては、電力、道路港湾建設などの経済インフラにおけるＰＰＰ事業の割合が高い一方、イギリスや日本などの先進国においては、教育施設、病院、公官庁舎などの施設に関する社会インフラにおける比重が多い傾向にある。

近年、コンセッション方式でのＰＰＰ運営の典型事例の一つは、関西国際空港と伊丹空港が統合された新関西国際空港株式会社である。民主党政権時代の２０１０年の２月に内閣府ＰＦＩ推進委員会でＰＦＩ法改正の議論を始め、同年４月、当時の前原国土交通大臣と橋下大阪府知事が、関空・伊丹統合会社でのＰＦＩ活用に合意した。２０１１年３月に「改正ＰＦＩ法」が閣議決定するとともに、「関西国際空港及び大阪国際空港の一体的かつ効率的な設置及び管理に関する法律（関空伊丹統合法）案」が閣議決定、５月に同法案が成立した。２０１１年11月の「改正ＰＦＩ法」の全面施行を経て、２０１２年４月に新関西国際航空株式会社が設立された。そして、２年後の２０１４年７月、「関西国際空港及び大阪国際空港特定空港運営事業等実施方針（以下、実施方針）」が公表され、コンセッション方式の導入が始まった。２０１５年12月１日に、オリックスとヴァンシ・エアポートは、関空・伊丹を運営する特別目的事業体（ＳＰＶ）「関西エアポート株式会社」を設立し、２０１６年４月１日から事業開始となった。この事業の期間は２０１６年４月１日から２０６０年３月31日までの44年間とされ、運営特別目的事業体である「関西エアポート株式会社」は運営権者となり、滑走路、エプロン、駐車場、旅客施設、貨物施設、事務所、店舗などの運営権を取得することとなる。着陸料等（届出制）、空港航空保安施設使用料金（届出制）、旅客取扱施設利用料（上限認可の範囲内での届出制）、駐車場施設の利用料金などについて、運営権者は自らの経営判断で利用料金を設定・収受し、その収入とすることができる。また、新関空会社は例外を除き、運営権者に対して本事業の実施に関する費用を負担せず、運営権者は利用料金の徴収により本事業の実施に要する全ての費用を負担する。

近年、対中国のビザ緩和など観光立国政策が功を奏し、訪日観光客が急増となり、オリックスとヴァンシ・エアポートが出資して作った特別目的事業体（ＳＰＶ）である「関西エアポート株式会社」の企業業績は大幅な増益となった。しかし、２０１８年９月の台風21号が発生し、大阪湾ではタンカーが関西空港連絡橋に衝突し、関空の閉鎖で３千人の利用客が孤立状態となった。当時の「関西エアポート株式会社」の経営陣がこうした自然災害への対応にしっかりとした対応策が打ち出せず、結局、国主導の復旧作業に依存してしまう。また、軟弱な土質の海底に乗る人工島の関空は地盤沈下が進んでおり、この地盤沈下に運営会社が莫大な資金投資をしてくれるかどうかという疑念が残る。民間企業である以上、利益を追求するのは批判されるべきものではない。運営会社が集客力と収益力を求めて、空港内のテナントに集中して投資することで、企業の収益につながることが経済の原理に適っている。しかし、いつ起こるかわからない、全く起こらないかもしれない自然災害に、莫大な資金を投資することは、企業にとって大きな負担となる。こうした発生確率が極めて低く、しかし、人々の安心安全な暮らしにとって重要なインフラが民間企業に任せていいのかという不安は残る。

大島（２０１３）では、フリンダースの研究を引用しながら、当時のイギリスが進めているＮＰＭモデルが中心となる行財政改革について、以下のように批判している。

「フリンダースはある論考で、一九八〇年代以来の改革を経て成りたったイギリスにおける公共圏――シュンペーターの言う意味での――を図にして同心円であらわした［Flinders 2006］(8)。その中心を占めるのは、首相と内閣を構成する諸省の大臣とであり、その外側に閣外省、執行権をもったエージェンシー、公企業等々が順次配置され、そのようにして構成される同心円のもっとも外側に位置するのが「公私連携 Public-Private-Partnership＝ＰＰＰ」である。この「公私連携」はもはや、〈公〉の活動なのか〈私〉のそれなのか、いずれとも言えない。かくては、公共圏と私的圏との境界は融解した、あるいは、ここでは流砂現象が起きていると見るべきではないのか。これがフリンダースの見方である。イギリスに限らず他の国々についても、こう言うことができる現実があることは事実である。」（大島２０１３、ｐ２１０）

図５－７は伝統的行政サービスとＰＰＰ方式を比較したものである。伝統的方式の場合、政

図５－７　伝統的行政サービスの供与方式とPPP方式の比較

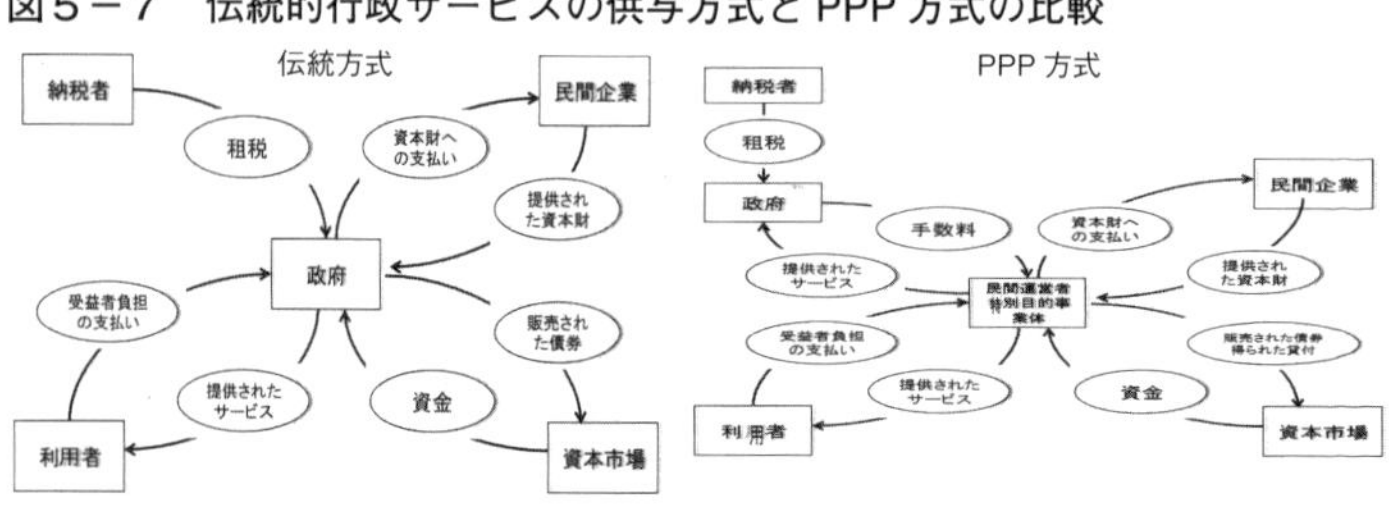

資料出所：筆者作成

府は、納税者に税金を課し、資金の不足分を資本市場から調達する。民間企業に提供してもらうサービスを発注して、報酬を支払う。そして、政府が責任を持って、利用者にサービスを提供し、必要に応じて、サービスを受給した利用者から料金を取る。このように、政府は常に中心的な位置にある。一方、ＰＰＰ方式になると、伝統的行政サービスの提供方式と根本的に異なるのは、元々中心部にある政府が周縁化され、代わって運営権を取得した民間運営者特別目的事業体が中心部を担うことになる。

　また、予算責任の視点から見れば、従来、政府は納税者から税金の取得や資本市場から債券の発行で公共事業の財源を確保しているため、全ての経費は予算に計上する必要がある。予算の編成・審議・議決・執行全ての国民や住民に公開しなければならず、国民・住民はこの予算に対する批判と討議を行うことで、公共事業のあり方を把握し、政府の活動に対する監視監督が可能である。しかし、ＰＰＰを導入することで、政府は従来の活動主体から周縁化されるにより、事業の中身に対するチェック機能の低下につながる恐れがある。さらに、自然災害などが発生した場合、政府に問われる事後責任も軽減される。２０１８年に発生した関空の事故について、マスメディアを含めて、大阪府や国に対する責任追求はそれほど見られなかった。民間運営者特別目的事業体（ＳＰＶ）は政府と国民の間の一種のクッション的役割が課され、そのことによって、政府の責任が回避される。

日本のＰＦＩ法整備と実務推進において、よくモデルとしているのは、イギリスである。しかし、ＰＦＩ先進国とされているイギリスにおいて、ＰＦＩ廃止の動きが激化している。三菱ＵＦＪリサーチ&コンサルティングは「ＰＦＩは終わったのか」をテーマに連載レポートを掲載している。２０１７年10月27日の「英国におけるＰＦＩ廃止の提案」というレポートにイギリス国内におけるＰＦＩへの批判が紹介されている。このレポートによると、２０１７年９月に開かれた労働党大会でイギリスのＰＦＩに対する凄まじい批判が見られた。当大会で、今後の新規事業でのＰＦＩ手法を一切不採用としたうえ、既存のＰＦＩ事業などの再公営化するまで主張されている。２０１８年11月６日の「英国はＰＦＩ・ＰＦ２に終止符」というレポートに、２０１８年10月29日にハモンド財務大臣の予算演説を紹介している。ハモンド財務大臣は、「私は、ＰＦＩ契約を一件も承認していないし、今後も承認する予定はない」とし、「政府は、将来の事業に対してＰＦＩ手法及びＰＦ２手法を用いないことを宣言する」ことを言及し、イギリスはＰＦＩ方式から脱却することを意味する内容であった。

日本でも、コンセッション方式の導入を阻止する動きが見られている。２０１３年４月19日、麻生太郎副総理が米国本拠の民間シンクタンク戦略国際問題研究所（ＣＳＩＳ）」の会見に登壇し、「……水道というものは、世界中ほとんどプライベートの会社が運営しておられますが、日本では自治省以外では扱うことはできません。水道料金を99・99％回収するシステムを持っている国は日本の水道会社以外にはありませんけれども、この水道はすべて、国営もしくは市営、町営でできていて、こういったものをすべて民営化します！」と宣言した。それを受けて、２０１４年４月に、当時の大阪市の橋下徹市長が水道事業民営化を市議会に提案したものの、否決され、２０１６年３月に吉村洋文市長が再チャレンジしたが、それも市議会に否決された。一方、政令指定都市の一つである静岡県の浜松市は着々とコンセッション事業を展開していた。フランスの水道大手事業会社であるヴェオリア社を代表とする６社連合（ヴェオリア・ジャパン、ヴェオリア・ジェネッツ、ＪＦＥエンジニアリング、オリックス、須山建設、東急建設）が特別目的事業会社浜松ウォーターシンフォニーを組み、浜松市内の下水５割を処理する終末処理場の西遠浄化センターやポンプ場などの運営権を取得する方向で調整されてきた。それに合わせ、２０１８年12月６日に自治体の水道事業の広域化や民間参入を促す改正水道法も衆議院で可決、成立させたが、浜松市の住民の反対もあって、浜松市は、２０１９年１月に水道事業のコンセッション方式の実施を当面延期することを発表した。

おわりに

本章で確認してきたように、日本のインフラ整備は高度成長期とともに、急速な発展を遂げてきた。しかし、かつての栄光は今となって、歴史的負の遺産として、インフラの集中的な老朽化問題は一気に噴出してきた。国が国土強靭化基本法を成立させて、こうした老朽化問題を解決しようとしているが、その中身をよく吟味すると、民間資本に大きく傾くものであった。確かに、社会資本の整備について、政府が主体となるか、民間が主体となるかという明確な線引きはない。さらに、日本の現状を踏まえてみると、公債の残高累積は２０１９年末に約９００兆となり、債務残高の対ＧＤＰ比は２３６・６％、先進国の中で突出して高い値である。少子高齢化が進み、社会保障支出の自然増が増え続ける中、公債費と社会保障費の硬直化により、その他の支出項目の中、順位をつけて、何かを減らさなければならない。こうした中、かつて「土建国家」と批判されるように、大規模な公共事業に対する見直しが２０００年以降行われ、行政投資が大幅に減らされてきた経緯があった。かつて、公共投資の関心ごとは、新しい公共事業をいかに立てて、経済の成長と雇用の確保を貢献するかにあったが、今では、インフラへの投資は、いかに人々の安心・安全な暮らしをサポートするかに大きく方向転換している。

ＰＰＰ（公私連携）方式によって民間資本を導入することは、確かに政府の財政難を補う効果がある。特に、途上国において、公共圏と私的圏の概念がはっきり区分されておらず、その境界は鮮明に区分されておらず、さらに、社会資本に投資できる政府財源が確保できない中、民間資金、特に海外からの資金の導入が重要である[9]。しかし、先進国において、長年にかけて、社会資本の政府投資を通じて、形成されてきた公共圏もしくは公共圏に対する認識が、本章で見てきたように、PPPを展開することで、公共圏と私的圏との境界は融解しかける。特に、人々の安心・安全な暮らしになくてはならない社会インフラのPPPへの転換は、住民たちの公共という概念を大きく揺さぶるものであり、どこまで住民たちによって理解が示されるかという難題がある。

勿論、「財源のない中で、老朽化が進むインフラをそのまま放置していいのか」という批判が必ず聞こえてくる。しかし、経済学の「量入制出」と異なり、財政学では、「量出制入」は基本である。人々はどのようなサービスが必要であるか、このサービスが不可欠で、人々は行政が負担した方がいいという政治的コンセンサスに達することができれば、それに相応する税金を納めるというプロセスは、財政民主主義の基礎である。

老朽化が進むインフラは危険であり、日常生活を脅かす存在である。それをなんとかしてくださいという社会的要望が民主的プロセスを経て、大勢の人に共通するニーズであれば、それは社会的ニーズとみなすことができる。こうした社会的ニーズに対して、税金を持って対処することは、公共性を実現する最低条件である。大水（２０１４）は、ペティ、スミス、ミルの社会資本に対する考え方について、「ペティ、スミス、ミルは社会資本の建設・維持が国家の支出によって支える重要な部分とみており、特にミルは政府の必然的機能という観点から社会資本の建設・維持の重要性を認識していたといえよう」とし、「社会資本の建設・維持は国家が行わねばならないということである」と結論づけている。

「安心・安全な暮らしを守る」という意味で、老朽化が進むインフラにどのように立ち向かうべきかについて、行政だけでなく、地域住民を含めて、真剣に考える時代になってきているといえよう。

注

（１）武部健一（２０１５）pp.１８８－１８９

（２）井手英策（２０１４）pp.４－５

（３）小西砂千夫（２０１４）pp.１１８－１１９

（４）１９７０年代におけるアメリカの経済思想の変化について、佐々木実（２０１９）が執筆した『資本主義と闘った男』を参照せよ。本書では、宇沢弘文がアメリカに滞在する際に経済学や現実の世界における変化を詳しく紹介されている。

（５）民間事業者が施設を建設し、施設完成直後に公共に所有権を移転し、民間事業者が維持管理及び運営を行う方式。

（６）民間事業者が施設を建設し、維持管理及び運営をするが、公共への所有権移転は行わない方式。

（7）世界銀行ＰＰＰデータベース https://www.worldbank.org/en/topic/publicprivatepartnerships

（8）フリンダースは、別の論考でこれをロシア人形（マトリョーシカ）に譬えている［Flinders 2009］。言うまでもなく、そのもっとも外側のものが「公私連携」である。

（9）ロストウが後進国開発論において、後進国が近代社会へ『離陸』するための先決条件の中で、決定的な役割を持つものとして、社会資本の整備を説いた。そして、「外国資本はこうした間接資本項目の負担を直接間接に背負うのに極めて有用でありうるのである」と主張した。

参考文献

1. 井出英策（２０１４）『日本財政の現代史Ⅰ』有斐閣
2. 諸富徹（２０１４）『日本財政の現代史Ⅱ』有斐閣
3. 小西砂千夫（２０１４）『日本財政の現代史Ⅲ』有斐閣
4. 武部健一（２０１５）『道路の日本史』中公新書
5. 山田浩司（２００５）「ＰＰＰ導入検討の必要性」『途上国の開発事業における民間パートナーシップ（Public-Private Partnership）導入支援に関する基礎研究』ＪＩＣＡ　第1章
6. World Bank（１９９７）「Toolkits for Private Participation in Water and Sanitation」
7. 佐々木実（２０１９）『資本主義と闘った男　宇沢弘文と経済学の世界』講談社
8. 三菱ＵＦＪリサーチ＆コンサルティング（２０１７）「ＰＦＩは終わったのか　～英国におけるＰＦＩ廃止の提案～」https://www.murc.jp/report/rc/column/search_now/sn171027/
9. 三菱ＵＦＪリサーチ＆コンサルティング（２０１８）「ＰＦＩは終わったのか　～英国はＰＦＩ・ＰＦ２

に終止符～」https://www.murc.jp/report/rc/column/search_now/sn181106/

10．大水善寛（２０１４）「社会資本の概念について：W．ペティ、A．スミス、J．S．ミルを中心にして」『城西大学大学院研究年報』（27）、pp．1－15

【付記】

本稿は平成28年度 専修大学研究助成・個別（共同）研究「研究課題：中国における都市化事業費の調達の変容－地方財政健全化の可能性」の研究成果の一部である。

第6章　地域におけるスポーツの役割とその動向

飯田　義明

はじめに：なぜ、いま地域とスポーツなのか？

地域と経済・社会的側面に焦点を合わせたなかで、なぜスポーツがテーマに上がってくるのか、こんな疑問がもち上がってくる方々もいることでしょう。これまで我が国においてスポーツは、学校体育・課外部活動という教育の枠組みから語られることが多かったのではないでしょうか。もちろん、プロ野球、Jリーグ（プロサッカーリーグ）、Bリーグ（プロバスケットリーグ）など、近年では様々なスポーツもプロ化の傾向を見せています。しかし、それも含めてスポーツを利用した、もしくは取り込んだ地域の流れは、各領域で複線的に展開されてきています。そこで本章では、地域とスポーツの関係がこれまでどのように形成されてきて、そして今後どのような関係性を形成していこうとしているのかその一端を示し、新たにいまどのような試みが地域で進められてきているかを、事例などから説明していきます。ただし、本章ではスポーツの経済・社会的側面に少し引き付けながら振り返っていきたいと思います。

1節では、これまで地域とスポーツの関係がどのように捉えられてきたのかを簡単に整理していきます。21世紀に入り、人間関係の希薄化や地域教育力の低下など様々な地域やその他の社会的問題を解決する一つのツールとして、文部省（現・文部科学省）は、２０００（平成12）年9月に「スポーツ振興基本計画」を策定し、「総合型地域スポーツクラブ」政策を打ち出しています。この政策が始まり約20年が経過していますが、両手を上げて成功しているかというと、とてもそのような状況にあるとは言えません[1]。そこで、まずはスポーツ政策の流れを概観しながら、国が政策としてどのようにスポーツを位置づけしようとしているかを提示していきます。

次に2節では、目前に迫ったスポーツ・メガイベントであるオリンピック・パラリンピックについて考えてみたいと思います。着目点は様々ありますが、ここではその経済・社会的側面に注目して、これまでどのように捉えられてきたかを検証していきます。我が国においては、２０１３年9月にアルゼンチンのブエノスアイレスで開催された国際オリンピック（ＩＯＣ）委員会に於いて、安倍首相は日本誘致のためのプレゼンテーションを行いました。そこでは、コンパクトなオリンピックであり、かつ２０１１年3月に起きた東日本大震災の福島原発問題を「the situation is under control（状況は統御できている）」とアピールし、56年ぶりに２０２０年東京オリンピック・パラリンピック（以下、20東京オリ・パラ）が開催されることが決定しました。この時の当初の誘致スローガンは、「今、ニッポンにはこの夢の力が必要だ」でした。

しかし、決定直後から、コンパクトな20東京オリ・パラを提唱していたはずが、様々な状況の変化から誘致当時の計画から大きく変更されてしまっています。そして、その計画変更に伴い様々な施設が新設、改修が行われていますが、当然ここには20東京オリ・パラというスポーツ・メガイベントを通しての東京再開発などの社会経済的な側面も含まれています。ただし、ここにはスポンサー企業からの資金のみではなく、多額の税金が投入されているという事実を忘れてはいけません。だとすると、この再開発は地域に均等に行き渡るのでしょうか。それとも、経済不況から抜け出すために「夢の力」を体よく利用しているのでしょうか。そこで、この節では過去のオリンピックを振り返りながら地域への影響などを含め検討していきます。

さいごに３節では、地域とスポーツの関係を二つの側面から概観していきます。一つ目は、スポーツを利用して地域を再編成していこうというアプローチです。ここでは、プロスポーツのスタジアムを利用したスマート・ベニュー®という方法論を用いた事例について説明していきます。[2] 二つ目は、地域の人びとのスポーツ実践が地域社会にどのような影響を与えているかというスポーツの持つ機能面からのアプローチです。[3] これはソーシャル・キャピタル論（以下、SC）[4]の考え方を背景として検証がすすめられています。そして、近年ではスポーツ参加による定期的な身体活動が、心身の健康維持に結びついていることがスポーツ研究領域からのみならず、社会疫学、公衆衛生学の領域からも明らかにされつつあります。[5]

上記のように、スポーツ研究としての「地域とスポーツ」というテーマは、様々な視点から捉えられ、まちづくりの試みとしても新たに胎動しています。しかしその一方で、一過性のスポーツ・メガイベントを誘致したり、スポーツ実践の場を地域に埋め込めば個々に抱える諸問題を解決できるのでしょうか。いや、決してそんな事はなく、スポーツがマジックワードでないことは理解しておかなければなりません。それでは、いまスポーツという実践を通した地域との関係がどのように捉えられ、変容しているかをこの章では多角的な視点からみていくことにしましょう。

Ⅰ　我が国における地域スポーツ政策と地域

我が国における「地域とスポーツ」にかかわる研究をスポーツ政策の視点から概観してみましょう。菊は、戦前までを振り返りつつ、これまでのスポーツが体育の枠内のみで捉えたがゆえに、その教育的効果に公共的意義が与えられたことを認めつつも、この「体育＝スポーツ」的な考え方から脱却することができず、現在にも影響を与えていると指摘しています(6)。この戦前と戦後を通した「体育＝スポーツ」の枠組みのなかで大きなスポーツ政策の転換点となるのが、戦後の１９６１（昭和36）年に公布された「スポーツ振興法」です。これは、スポーツの振興に関する施策の基本を定めた最初の法律であり、１９６４（昭和39）年に開催されることが決定していた東京オリンピックを見据えてのものでした。ただし、そこには、「国民の心身の健全な発達と明るく豊かな国民生活の形成に寄与すること」が謳われ、国および地方公共団体は、「国民があらゆる機会とあらゆる場所において自主的にその適性及び健康状態に応じてスポーツすることができるような諸条件に努めなければならない（第3条第1項）」と定められています。つまり、１９６４年の東京オリンピック（以下、64東京）を通して地域社会でのスポーツ環境を整備することも想定されていたといえます。しかし、これまでの状況を振り返ってみると、多くの地域では、毎年持ち回りで各県において開催される国民体育大会を利用し、地域のスポーツ施設や公共性の高い道路などを整備してきていました。つまり、スポーツ振興法の基本的理念を念頭に於きながら地域のスポーツ環境が整備されてきたかと問われれば、その経緯には疑問があったと言わざるを得ないと考えられます。我が国で開催されたオリンピックの検証については、次節でさらに詳細に検討してみたいと思います。

さて、戦後の地域でのスポーツに関してですが、この事項については文部省（現、文部科学省）の社会教育局で扱われ、地域のスポーツ振興は、社会教育の範疇で「社会体育」として展開されていくことになります。特に１９６０年代には地方自治体の教育委員会を中心とし、公民館を利用した社会体育が展開されていくことになりました。そして、徐々にではありますが「体育レクリエーション」としてスポーツ活動が広がっていくことになります[7]。一方で、我が国は１９６０年代から70年代にかけて経済的には高度経済成長のなかにありますが、その反面で都市部と農山間部の格差、また個人と地域の変容が徐々に拡大し始めます。これまでの東京オリンピックを見据えてのスポーツ政策とは別に、上述の状況から、１９６９（昭和44）年に国民生活審議会調査部会コミュニティ問題小委員会において「コミュニティ―生活の場における人間性の回復―」報告書が作成され、そこに初めて「コミュニティ・スポーツ」という言葉が登場し、地域住民の交流の場としてスポーツ実践を梃としたコミュニティの再編強化が期待されることとなります。つまり、この報告書からはスポーツを通じて地域の人々を繋げ、地域の崩壊を縮減させようという意図が読み取れます。尾崎はこのような各政策の一連の経緯を振り返り、オリンピックを見据えたスポーツ振興法と地域におけるスポーツとは全く別物として動いていたと捉えることが自然であると指摘しています[8]。その後の80年代の「みんなのスポーツ」振興政策の狙いは、スポーツを享受する人びとの社会的格差是正が狙いとされていました。例えば、行政は学歴、企業間、地域間などの格差によりスポーツの恩恵を得ることができない人びとに焦点を当て、そのスポーツ環境の整備に注力してきたのです。そして、20世紀最後は「生涯スポーツ」振興政策が展開されていきます。そこでは、総合型地域スポーツクラブ（以下、総合クラブ）の育成に象徴されるスポーツ享受の「量的拡大」が中心に置かれ、各自治体の多くは「保健体育課」から「生涯スポーツ課」へと移行していくこととなります。

21世紀に入り、スポーツ振興に関する計画として、２０００年9月に「スポーツ振興基本計画」が策定されました。そこでは、２００1年から10年間で実施すべき政策目標が設定され、(1)生涯スポーツ社会の実現に向けた地域におけるスポーツ環境の整備充実、(2)我が国の国際競技力の総合的な向上、⑶生涯スポーツ及び競技スポーツと学校体育・スポーツとの連携、の３つの目標が挙げられ、その後２００６年の見直しによって、児童の体力低下から⑶の目標に「スポーツの振興を通じた子どもの体力向上」が追加されることとになりました。そして、その実現への方法論として、総合クラブの育成が望ましいものとして奨励されることになります。この総合クラブ政策は様々な組織と協働しつつ「新しい公共」[9]を支える基盤の一つとして発展していくことが理想とされました。ここには、スポーツを通した地域の繋がりを再構築していこうとする１９７０年代の政策的問題意識の焼き直しを感じます。この総合クラブ政策における検証は、今後も理念的及び短期的ではなく継続的で長期的に評価をしていく必要があるでしょう。

文部科学省は２０００年に「スポーツ振興基本計画」を示し、その後の10年間の具体的な方向性を示しました。それを受けて２０１０年には「スポーツ立国戦略」が策定され、２０１１年には「スポーツ振興法」から50年の時を経て「スポーツ基本法」が発布されるなど着実に政策のなかにスポーツを位置づけてきました。また、観光庁では「スポーツ・ツーリズム推進基本方針」（観光庁、２０１１）を取りまとめ、日本スポーツツーリズム推進を中心にスポーツによる地域活性化の動きが加速しています。そして、２０１６年には内閣府から「日本再興戦略２０１６（案）」が出され、そこではスポーツ産業の未来開拓として具体的に⑴スタジアム・アリーナ改革、⑵スポーツコンテンツホルダーの経営力強化、新ビジネス創出の促進、⑶スポーツ分野の産業競争力強化が謳われ、本格的にスポーツ産業を打ち出しています[10]。更に、2017年には日本経済再生本部から「未来投資戦略2017」がスポーツ産業の未来開拓として2015年で5・5兆円のスポーツ市場規模を2025年までに15兆円にまで拡大することを目指すと記されています[11]。

このような政策の流れを概観しても、「体育＝スポーツ」的枠組みから「スポーツ＝産業」的枠組みへと大きく転換しようとしています。このような政策的背景を共通認識とした上で、現状を見ていきたいと思います。

Ⅱ　スポーツ・メガイベントと地域

ここまで、我が国のスポーツ政策を通して地域とスポーツの役割を概観してきました。そこから見えてきたことは、オリンピックなどの国際的なスポーツ・メガイベントと地域のスポーツは、政策的には別々に展開されてきたという事実です。この節では、まずスポーツ・メガイベントと地域の関係についての経緯を振り返って検討してみることにしましょう。スポーツ・メガイベントにはオリンピックや各種ワールドカップなどがあり、これまで我が国では何度か開催されました。ここでは、2020年の東京オリンピック（以下、20東京）を控えていることもあり、オリンピックに焦点を当てます。我が国にとっては二度目の夏季オリンピックですが、なぜ多くの先進国を中心とした国々がスポーツ・メガイベントを誘致しようとするのでしょうか。そこには、各国の思惑や意味づけがあると思われます。誘致した国や自治体は、投資される集中的な公共事業などにより、地域全体が経済的な恩恵を享受できるという前提に立って正当化してきたといえるでしょう。

我が国においては、２０１３年９月７日（現地時間）にアルゼンチンのブエノスアイレスで開催されたＩＯＣ総会において、安倍晋三首相が演説で東日本大震災の甚大な被害からの「復興」を唱え、夏季２０２０年に2回目の東京大会開催が決定することになりました。ではこのオリンピックは地域に何をもたらすことになるのでしょう。これまでのスポーツ・メガイベントの経済側面からの研究状況を概観しつつ、64東京、１９９８年の長野冬季オリンピック（以下、98長野）の二つのオリンピックを振り返って検証し、20東京オリ・パラに向けての展望を考えてみていきましょう。

Ⅱ－１　経済・社会的側面からみるスポーツ・メガイベント

ここで経済・社会的側面から、スポーツ・メガイベントとしてのオリンピックについての検討をしていきます。アンドリュース・ジンバリストはその著書「オリンピック経済幻想論」で、オリンピックの開催には経済発展を後押しするという繰り返される主張に対し、実証的な裏付けは殆どないとしています。氏はオックスフォード大学の分析データを用いて説明しており、それによると、1976年以降の夏季オリンピックでは平均して252％の予算超過していることを指摘し、近年でのアテネ、ロンドン、ソチ大会でも、当初予算の4倍から10倍が使われる結果となっていることを明らかにしています[12]。このように、経済的に大きな問題を曝け出しているオリンピックですが、1984年のロサンゼルス大会以前は、国家イベントとしての国威発揚を煽った側面が大きかったと言えます[13]。しかし、そのような大会のあり方が限界になっていたのは事実でしょう。そこで、1984年のロサンゼルス大会では本格的に民間資本の導入が決定され、企業スポンサーと様々な形態でオリンピックを支えることになっていくことになります。結果的に、この大会では2億2200万ドルの利益を上げることとなり、以後この方法論が踏襲されてきています。ただし、この大会においても交通インフラ、警備などの安全保障などの税金を含む公共投資に関しては、大会の直接経費には含まれていないことには注意が必要でしょう。

オリンピックの開催にあたっての経済的な経費をみていくと、誘致活動費とは別に大会に関わる経費としては、直接経費とインフラ関連の間接経費があります。先のジンバリストによると、「開催にあたっての直接的な財政コストは通常3つのカテゴリーに分けられる。(1)運営予算（17日間の大会運営コストと一時施設の設営費）、(2)建設予算（恒常的なスポーツ施設の建設費と、選手村や放送およびプレスセンターの建設費）、(3)インフラ整備予算（道路、駐車場、橋、修景、鉄道、そして大会に関連するその他の施設の整備費）」であり、メディアなどを通して公式にオリンピックが黒字で終了したと報じられている場合、そこでは運営費のみを指していることが殆どであり、建設予算やインフラ整備費などは含まれず、更に間接コストも含まれていないのが常であるとも指摘しています[14]。また、同時にその他のマイナスになった莫大な超過経費は、国からの特別予算や補助金等など多くの場合税金によって賄われているのです。モントリオール大会では、過去のどの大会より莫大な負債が残り、その返済には大会終了後から約30年間もかかっています。

さらに、大会終了後には、建設された施設のランニングコストがさらに負債を膨らませますが、これにも税金が投入されます。同時に大会後に使用されず晒されたまま放置されホワイトエレファント化[15]した施設が、巨額の負の遺産として無残な姿で残されている場合も少なくありません。そして残念なことに、施設などのハード面以外のソフト面などの長期的な視点からみても、遺産的な利益があるとは考えにくいと思われます。このようなハード面の建設経緯を考えた時、スタジアムなどの施設は公共投資として税金が投入され、大企業がそれを受けて利益を得ている構図が見えてきます。同時に、選手たちやV.I.Pなどに対する警備などの経費が莫大になってきており、それを企業に依存するなどの政府の姿勢を、政治学者のジュールズ・ボイコフ（Jules Boykoff）は、「セレブレーション・キャピタリズム（祝祭資本主義[16]）」という独自の概念を用いて近年のオリンピックのあり方を批判しています。

ここまでをみてくると、オリンピックを開催することにどのような意味があるのか疑問が湧いてきます。それでは、どのような効果を地域にもたらすのでしょうか、また何を地域に残したのでしょうか。[17] 次の項では、近年、様々なところで叫ばれる「大会後の〈遺産〉すなわちレガシー（Legacy）」が日本で開催された過去のオリンピックについて何であったのか、振り返ってみましょう。

Ⅱ－２　１９６４東京オリンピックと１９９８長野冬季オリンピックを振り返る

「・・・・日本が勝ち、選手たちが抱き合って泣いているのを見たとき、私の胸にもこみ上げるものがあったが、これは生まれてはじめて、私がスポーツを見て流した涙である。」

「頭脳と容姿と体力を含めた精神力と、三拍子そろったあなた方の、これからの人生の幸福を私はお祈りしています。しかし私は同時に、これだけの女性たちを育てあげた一人の男性に感謝しなければなりません。大松さん、ありがとう。」

これは、女子バレーボールの決勝観戦の翌日（10月24日）に報知新聞と朝日新聞に掲載された三島由紀夫氏と有吉佐和子氏の記事です[18]。

この記事に代表されるように、これまで64東京を語るとき、スポーツ界のみならずメディアを含め、大松監督率いた「東洋の魔女」の金メダル獲得や「選手」、「開会式、閉会式」などを中心とした成功体験の物語として神話化されています。石坂は、これらに代表される記事や市川崑監督の『東京オリンピック』、ＮＨＫによるテレビ放映が、我々に64東京の成功を集合記憶として形成させた役割を指摘しつつ、その一面的価値観の集約については否定的に捉えています[19]。その一方で、戦後の急速な経済成長を世界にアピールし、先進国の仲間入りするための国家的イベントとしてのまたとない格好の機会であったことも紛れもない事実であり、それに伴い首都高速道路や新幹線、下水道に代表されるインフラ整備などを含めた地域の開発・再開発が進められたことを否定する人はいないでしょう[20]。これを証明するかのように、64東京に対する当時の日本放送協会放送世論調査所の大会直後の調査では、満足度が一番高いのが「競技場や施設の完備」であり、二番目が「競技の運営」、三番目が「外国人の受け入れ体制」、四番目が「交通機関の整備」、五番目が「道路の整備」、六番目が「日本人の公徳心」、七番目が「日本人選手の訓練」、八番目が「町の美観」でした[21]。この調査からも、地域のインフラなどの開発、再開発などに国民の意識が向かっていたのは間違いないでしょう。ただし、「日本人の公徳心」や「町の美観」などの経済的側面からの評価でないものも挙げられている点には着目すべきです。つまり、64東京のレガシーが地域の再開発やインフラ整備以外にあるとするならば、このような短期的な経済的側面からだけでは測ることができない無形の価値をどのように汲み取っていくかが必要になるでしょう。同様の視点から、98長野を振り返ってみたいと思います。

98長野は64東京のような首都における大会ではなく、長野県という地方で開催された大会でした。それであるがゆえに、64東京とは状況が大きく異なっていると思われます。石坂・松林は、「長野オリンピックが地域社会に何をもたらしたのか、残された正負の遺産と影響はどのようなものだろうか。[22]」と問いかけ、オリンピックの遺産の功罪を分析しています。そこで、彼らの調査をもとにこの地方で開催された大会が、約10年後にどのような評価を得ているのかを振り返ってみます。[23]

98長野では、長野市のみでの開催は困難であり、長野県全域で白馬村、山ノ内町、軽井沢町、野沢温泉村の5市町村に分散されて大会が開催されました。地域の開発、インフラ整備としては、長野新幹線と上信越自動車道が開通しています。これにより、「陸の孤島」として揶揄されていた長野市は、東京を含め様々な地域と時間的・社会的距離が縮まり、地元には心理的に大きな正の影響がもたらされましたが、この効果は大会後に地域によって差が生じています。[24]また、当時建設された様々な競技施設などは、大会後のランニングコストなど多くの課題を抱えています。この経済的な側面については、他のオリンピック大会と同様に負のレガシーとして残ってしまう問題点を孕んでいるようです。

その一方で、この大会で結成されたエムウェーブ友の会というボランティア組織は、大会後からはじまった長野オリンピック記念マラソンを手伝うなど、ボランティア活動を継続しています。現在ではこのマラソン大会は、８０００人ものランナーを集める国内でも有数な大会へと成長しており、この活動の継続こそが、無形なレガシーとして評価すべきです。[25]このマラソン大会時に来市する人びとが地域にもたらす経済効果についても98長野の正のレガシーとして捉えることが可能であるように思われます。またその他の価値として、「一校一国運動」から派生したアクト・アゲインスト・エイズ活動など無形のレガシーが細々ながら継続されているのは評価されるべきでしょう[26]。

このように、二つのオリンピックを振り返ってみると、地域にオリンピックがもたらす影響には正負の両面が有り、地域によって格差があることは否めません。そのことを念頭に置きながら、20東京オリ・パラにどのように向かうのかを考えていくべきではないでしょうか。

Ⅱ－３　２０２０東京オリンピック・パラリンピックに向けて

２０１２年に開催されたロンドン大会は、レガシーの積極的位置づけが適用された最初の大会であり、この時のロンドンの立候補ファイルには大きく４つのレガシーが挙げられていました。それによると第一にスポーツレガシーであり、すべてのレベルのスポーツ活動へのアクセスの可能を謳っており、第二にコミュニティーレガシーとして貧しい住民を包摂するコミュニティ形成を促進することを挙げています。そして、第三に環境レガシーであり、緑地の拡大、持続可能なツーリズムの促進が提唱され、さいごの第四が経済レガシーとされています[27]。それでは我が国はどうでしょうか。「コンパクト・オリンピック」を標榜しながら、現段階においてすでにその総工費の際限のない膨張を指摘されています。

オリンピック誘致委員であった安藤忠雄は、「１９６４年が都市の『成長』であったとするならば、２０２０年に開催されるオリンピックは、市場原理に飲み込まれ肥大化した都市を制御し、環境という総合的な視点で再編成していくこと、すなわち都市の『成熟』である」と述べています。[28] その一方で、ロンドン大会ほど明確なレガシーが立候補ファイルでは述べられず、ビジョンが不明確な大会であると言われているなかで、ＩＯＣ会長ジャック・ロゲがいみじくも述べたように、「その都市、国にとって、なぜ五輪が必要なのか。それは日本国民が決めることだ」[29] との指摘は肝に命じるべきではないでしょうか。20東京オリ・パラの17日間の大会においても、選手たちの活躍やメダル獲得などのみに熱狂するのではなく、98長野で振り返ったように大会終了後のレガシーも含め、我々が長期的な視点に立脚して考えていかなければならない問題でしょう。

ここまで、スポーツ・メガイベントである過去のオリンピックを通して地域とスポーツの関係を振り返ってきました。ただし、それは地域とスポーツの関係性の一部でしかありません。次の節では、プロスポーツを通して展開されている地域の状況、また一般の人々が地域で個々に繋がり継続されているスポーツの現状を確認していきます。

Ⅲ　スポーツは地域をつくるのか？

１９９３年に開幕したＪリーグ（プロサッカーリーグ）による理念の影響により、我が国におけるプロスポーツは地域との関係性を大切にするという流れが、25年の歳月を経て定着しつつあります。そこでは、プロスポーツを利用し地域を再編していこうという流れが胎動してきました。地域とプロスポーツイベントに関して見ると、須田はJリーグが開幕した翌年に、「地域社会におけるスポーツの役割」として地域社会におけるプロスポーツの役割について述べています。それによると、スポーツには(1)社会統合機能、(2)集団表象性、(3)社会的対立機能の三つの特徴があることを前提として、その機能を海外の研究と対比させながら、その経済的効果、社会的効果、政治的効果について詳細に検討をしています。[30] そして、経済的効果に関しては、マイナスの経済効果を生むことが多いが、非経済的な側面を含めたトータルの観点から分析することが必要であることを強調しています。つまり、地域がプロスポーツを一過性のスポーツイベントとして位置づけるのではなく、長期的な地道な活動による地域密着型になっていくことによって経済的マイナス面を非経済的な側面から補える可能性を指摘しているのではないでしょうか。この長期的視点に立った検討は、この章では紙面の制約があるので、興味がある方は参考文献を記しておきますのでそちらを参照してみてください。[31]

次にプロスポーツ自体による地域への影響ではなく、当該プロスポーツが有する競技施設を利用した地域の再編について見ていきます。そのあと、プロスポーツなどの産業的な関わりのみではなく、人びとが継続的に参加するスポーツ実践から構築していく地域の在り方を検討してみたいと思います。

図６－１　スマート・ベニュー概念図

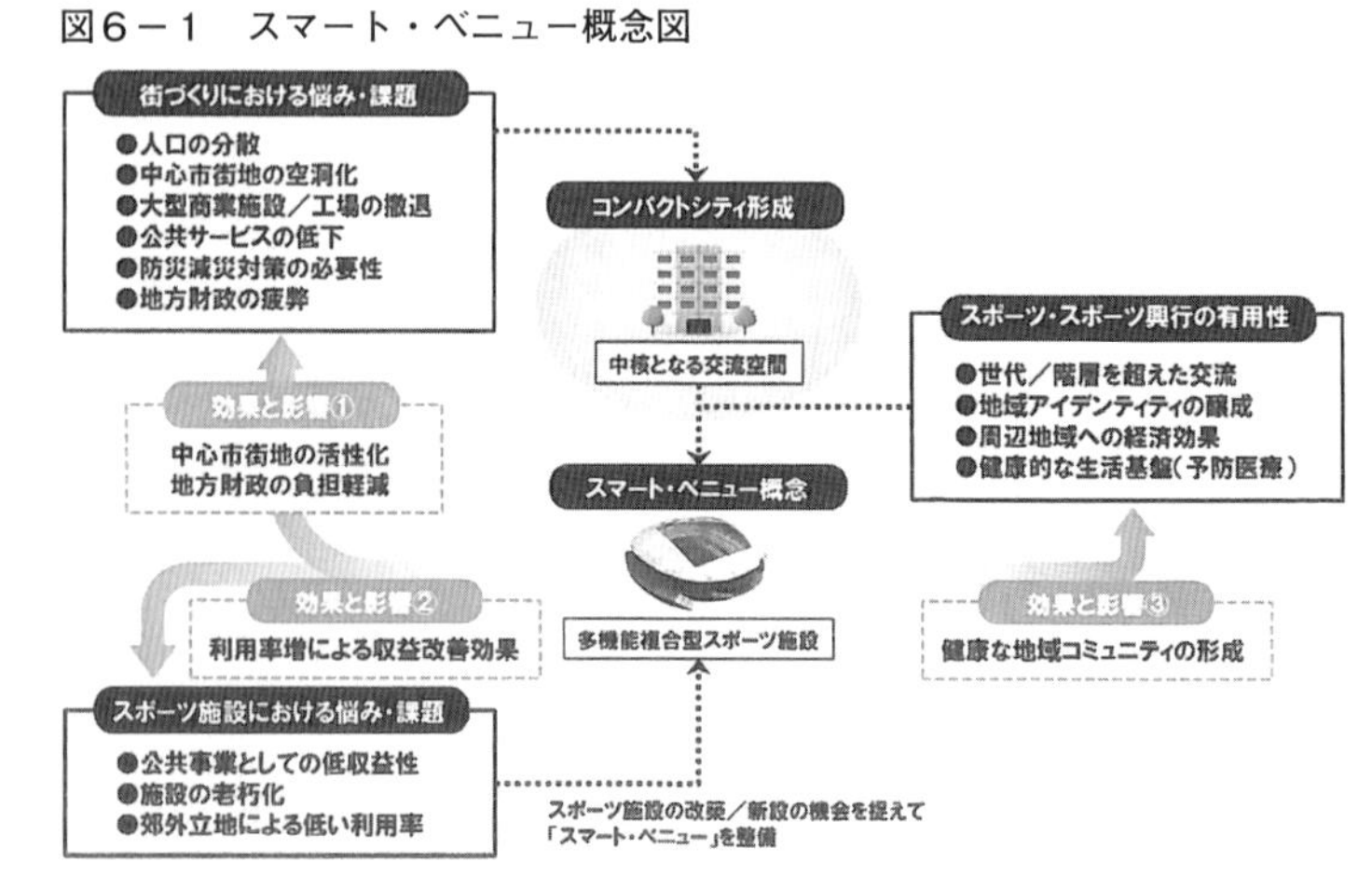

日本投資銀行地域企画部資料：2013, p. 2

Ⅲ－１　プロスポーツと地域の再編

近年、我が国においては、人口減から「縮小社会」へ向かっていると言われています[32]。このような時代背景の中で、欧州などで展開されているプロサッカークラブのスタジアムを利用した地域とビジネスの繋がりに関する方法論が調査、検討されています[33]。これは、プロスポーツのスタジアムが有するマルチファンクション性（多機能・多目的）の機能を利用することによってビジネスと地域がWIN-WINになる関係性を地域に埋め込むことを目指したものでした。そして、このアイディアを地域再編に利用しようとしたものが、スマート・ベニューと命名されているものです[34]。基本的な考え方は、図６－１のとおりです。以下ではそれを利用した事例をみていきましょう。

新潟県長岡市では、平成16年3月から中心市街地活性化基本計画を作成し段階的に地域の再編を進めています。まず平成18年に市制施行100周年を迎え、また19年4月には「特例市」の指定を受け「前より前へ！長岡〜人が育ち地域が輝く〜」を新市総合計画のスローガンに掲げ、市民に必要な機能を中心市街地に最集積することが決定しました。そして、平成20年11月に、「長岡市中心市街地活性化基本計画（第1期計画）」が中心市街地の活性化に関する法律に基づく内閣総理大臣の認定を受け、「まちなか型公共サービスの展開」と「市民協働によるまちづくり」の一体的な推進を目指すこととなります[35]。その一環として、平成24年4月にまちなかの新たな市民協働の拠点として、「シティホールプラザ・アオーレ長岡」が誕生します。これは、駅前に市役所機能とアリーナ施設を組み込んだ複合型施設であり、それに伴いプロバスケット・チームを誘致することによって、地域住民の足を駅前に向けさせ、コンパクト・シティーに町を変容させようとした試みです。もちろん、それ以外にも大手通中央地区市街地再開発事業、大手スカイデッキの整備など、中心市街地における都市機能の更新と再集積に取り組みを同時に行い、さらに市役所機能のまちなか移転が完了することになります。平成26年3月からは、「長岡市中心市街地活性化基本計画（第2期計画）」の認定を受け、アオーレ長岡を中心にさまざまな集客イベントや市民活動が幅広く展開され、まちなかは「文化・情報・交流の場」として再編成されました。その後は、平成28年9月に大手通表町西地区市街地再開発事業によって福祉の拠点となる「社会福祉センター トモシア」が整備され、幅広い世代の市民に使われることにより、中心市街地が市民の

図６－２　長岡市３期計画概要

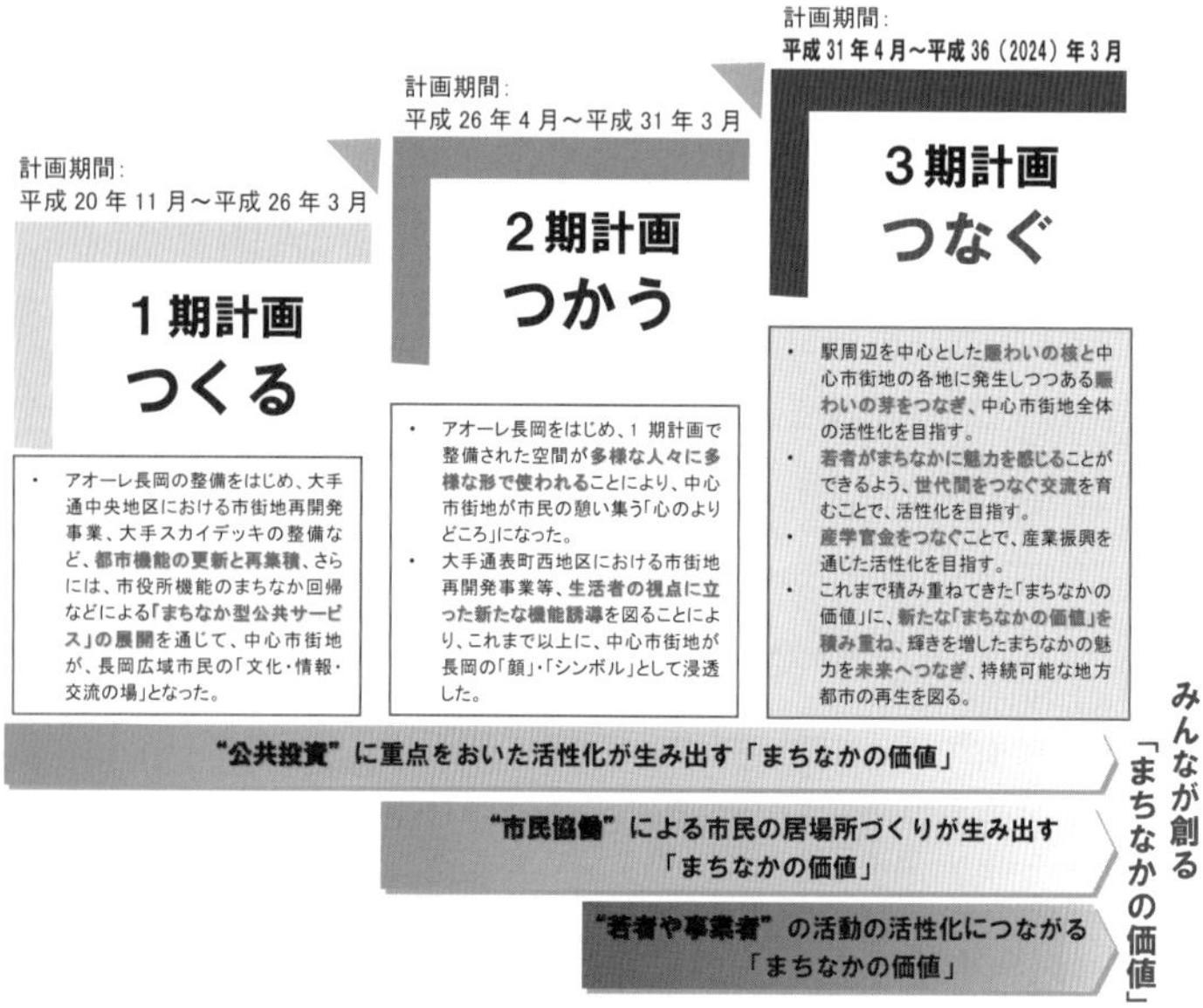

計画期間：
平成 20 年 11 月～平成 26 年 3 月
1期計画
つくる
・アオーレ長岡の整備をはじめ、大手通中央地区における市街地再開発事業、大手スカイデッキの整備など、都市機能の更新と再集積、さらには、市役所機能のまちなか回帰などによる「まちなか型公共サービス」の展開を通じて、中心市街地が、長岡広域市民の「文化・情報・交流の場」となった。

計画期間：
平成 26 年 4 月～平成 31 年 3 月
2期計画
つかう
・アオーレ長岡をはじめ、1 期計画で整備された空間が多様な人々に多様な形で使われることにより、中心市街地が市民の憩い集う「心のよりどころ」になった。
・大手通表町西地区における市街地再開発事業等、生活者の視点に立った新たな機能誘導を図ることにより、これまで以上に、中心市街地が長岡の「顔」・「シンボル」として浸透した。

計画期間：
平成 31 年 4 月～平成 36（2024）年 3 月
3期計画
つなぐ
・駅周辺を中心とした賑わいの核と中心市街地の各地に発生しつつある賑わいの芽をつなぎ、中心市街地全体の活性化を目指す。
・若者がまちなかに魅力を感じることができるよう、世代間をつなぐ交流を育むことで、活性化を目指す。
・産学官金をつなぐことで、産業振興を通じた活性化を目指す。
・これまで積み重ねてきた「まちなかの価値」に、新たな「まちなかの価値」を積み重ね、輝きを増したまちなかの魅力を未来へつなぎ、持続可能な地方都市の再生を図る。

“公共投資”に重点をおいた活性化が生み出す「まちなかの価値」
“市民協働”による市民の居場所づくりが生み出す「まちなかの価値」
“若者や事業者”の活動の活性化につながる「まちなかの価値」
みんなが創る「まちなかの価値」

長岡市中心市街地活性化基本計画計画資料：2019，p. 49

憩い集う「心のよりどころ」になるとともに、本市の「顔」、「シンボル」として浸透していくことを目指しています[36]。

市の計画は3期計画で完成年度が令和6年3月になっています（図6－2）。平成31年4月に出された「中心市街地活性化基本計画」では、これまでの施策の結果が詳細に分析されています。長岡市「歩行者通行量調査」によると、アオーレ長岡が完成した平成24年には中心市街地の歩行者が平日で約8・2万人から約9・3万人、休日で約5・7万人から8・4万人程度まで増加しています。特に翌平成25年には、休日に関してはさらに6千人程度増加をしています。その後、平成29年には10万人を突破することとなりましたが、ただし中心市街地でも格差があるようです。市営駐車場の1日あたりの駐車台数をみても、平成24年から倍増している状況ですが、現在ではある一定度の上限に来ていると考えられており、新たなインパクトが必要になってきているようです[37]。ここで注意が必要なのは、プロスポーツを誘致すれば地域に良いイメージが形成され再編が成功するのではなく、それ以外の様々な要因との組み合わせを必要としているということです。つまり、「スポーツはマジックワードではない」ということを心しておかなければならないということでしょう。同時に、このようなプロスポーツのスタジアムやアリーナを利用した他の事例も今後検証していくことが、ますます大切になってくると思われます[38]。

Ⅲ－２　地域におけるスポーツ実践と人的ネットワーク

ここまでは、少なからず経済的側面に引き付けながら語ってきました。しかし、ここでは地域の人々のスポーツ実践による人的ネットワーク（繋がり）の形成が経済的な側面からだけではなく、どのような社会的な役割を有しているかを検討してみます。

その際のキーワードとなるのがＳＣという概念です[39]。このＳＣ論を世界的に拡げたのがパットナムです。彼は、イタリア社会において、市民が地域に積極的に参加することによって、政治的平等が保たれ、連帯・信頼・寛容の度合いが高くなるとしています。この自発的な協力を促す信頼・互酬性の規範や、市民社会への積極参加によって形成されるネットワークの形態が、社会を豊かにする「資本」として蓄積されていくと述べています[40]。同時に、この市民が集う中間組織（二次的結社）の代表としてスポーツクラブを挙げています[41]。ただし、これはイタリアにおける歴史的な背景があって成立していることを忘れてはいけません。スポーツ実践の場所が学校体育や学校部活動という場を中心に発展してきた我が国とは、歴史的文脈が異なるということは理解しておくべきでしょう。

この概念をベースに我が国で長年実証研究を行ってきた近藤らによると、スポーツ・趣味の会などに参加する人ほど要介護になりにくいことを実証しています。特にスポーツで34％、趣味で25％、町内会・自治会で15％要介護認定をうける確率が低いことが報告されています[42]。この結果は、高齢者の健康という側面だけではなく、人の繋がりが膨大に膨らむ医療費を軽減させる可能性を秘めていると考えられています。つまりスポーツは、その一つのツールとして位置づけられる可能性があると思えるのです。

筆者は、地域におけるスポーツ実践者がSCを形成しているのかを、S県の体操教室に継続的に通う人々（＝高齢者女性集団）を対象としたアンケート調査と聞き取り調査から分析しています[43]。その結果、スポーツ実践者は、その他の「社会参加」への意識を有しつつ、「公的信頼」、「一般的信頼」に対しても一定程度のSC意識を有していることを示唆しました。このSC意識を高める背景には、時間的な積み重ねが必要となります。まず、主宰者がこの体操クラ

図6－3　健康体操クラブにおける組織構造と人的ネットワーク

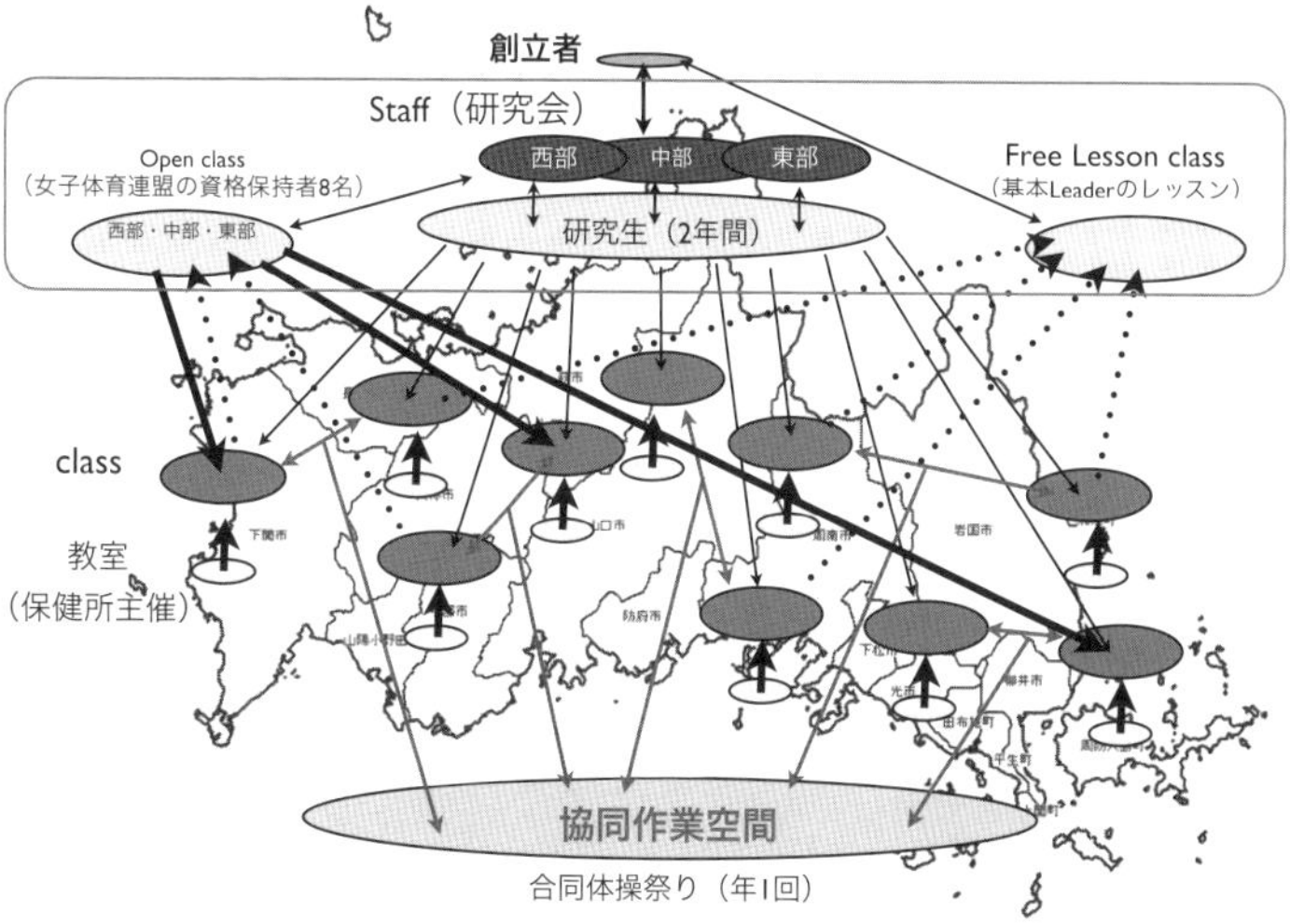

飯田：2015

ブを開催したのは、スポーツ政策的には1960年代の「社会体育」振興政策から1970年代への「コミュニティ・スポーツ」政策が登場してきた頃で、小さな一地区の教室から各地域の保健所主催で、保健センター、公民館などで「健康教室（以下、教室）」として活動するなど規模は拡大していきます。この「教室」は、まず保健所主催で3－8週間の講習を経た後、受講者の要望があれば、健康保健センターの管轄を離れ参加者の自己負担によって「class（クラス）」として継続展開されることになりました。各クラスが約30年間自律的に分立して活動していますが、1年に1度、10月に「合同体操祭り」を開催しており、他クラスと合同で練習を行い祭りに参加しています（図6－3）。その実践者の交流の結果として、地域の人的ネットワークが深く編み込まれていくこととなっています（bonding 型）。それのみではなく、県全体で開催される体操祭りにより、地域を超えて合同練習をするなど他教室を繋ぐいわゆる bridging 型[44]のネットワークが組み入れられ、人間関係を緊密にしていることが明らかになっています。すなわち、SC論で指摘される二つのネットワークが合理的に組み入れられて構成されているのです。そして、この繋がりこそが地域の人々を豊かにすると考えられるのです。

おわりに：スポーツを通した新たな潮流

これまで見てきたように、スポーツと地域の関係は、時代の中で揺れ動いてきたと思います。20年東京オリ・パラは、ビックイベントであることは間違いないのですが、この結果が中・長期的にどのように我が国に影響を与えるかは、今後も継続的に検証していかなければならないでしょう。また、地域がスポーツに何を期待し、かつ何を求めているのかはその地域自体が模索していくべきものであり、他の自治体の成功事例を安易に導入すべきものではないでしょう。この章では、近年の地域とスポーツの関係について事例を通して振り返ってきましたが、スポーツ自体には社会から大きな評価をされるほどの機能があるのでしょうか。それについて筆者自身は少し懐疑的です。その一方でスポーツは、他の何かと掛け合わされたときに社会的な大きな役割を発揮する可能性を秘めているのではないかと期待をしています。この潮流は我が国だけの現状ではなく、世界的な広がりを見せていると思われます。

21世紀に入り、この潮流の新たな事例の一つとしてスポーツと国際開発の繋がりを挙げることができるでしょう。現在、国連では国際開発の平和（Sports for Development and Peace：SDP）に寄与するスポーツや身体活動の力に注目し、２０００年に採択された国際目標「ミレニアム開発目標（MDGs）」、その後の２０１５年へ続く「持続可能な開発目標（SDGs）」への中にも、スポーツを通じた活動を着実に位置づけ、積極的に進められています[45]。

20東京オリ・パラは、残念ながらコロナ禍の影響で1年間の開催延期が決定しました。しかし、世界的にコロナ禍が拡大している現状では開催自体が危ぶまれています。仮に、20東京オリ・パラが無事に開催することができたとしても、その後、我が国のスポーツはどのように変容していくのでしょうか。また、10年先にスポーツは社会的課題を解決するのにどのように貢献することができるのでしょうか。吉見は、64東京から現在の日本の変容を分析し、これまでの成長主義に支えられた20世紀型のオリンピックの限界を読み取り、「より速く、より高く、より強く」から「より緩やかに、より低く、よりしなやか」へと開催意義の変更をし、20東京オリ・パラから「記録とメダル獲得のためのオリンピックから楽しみと新しいつながりのためのオリンピック」への変容を指摘しています[46]。このような吉見の指摘を受け、我々はこれまでのスポーツの在り方を捉え直す必要があるのではないでしょうか。同時に、未来に向けてどのようにスポーツを地域社会のなかに位置づけていくのかについては、我々自身へと問われた課題であるともいえるでしょう。

注

（1）小林勉『地域活性化のポリティクス―スポーツによる地域構想の現実―』中央大学出版部、2013、19－36ページ。小林は、八王子市における「総合型地域スポーツクラブ」導入過程の行政（政策立案者側）と住民（スポーツを実践している人びと）のポリティクスについて詳細に分析している。それによると、地域の実態が看過され、総合型地域スポーツクラブを自明視する政策誘導型が大勢を占めてきた現状を指摘している。氏の著作では、1章を割いて「地域とスポーツ」に関する研究の先行研究を丁寧に整理しているので参照のこと。

（2）スマート・ベニューとは、地域における、「周辺のエリアマネジメントを含む、複合的な機能を備えたサスティナブルな中核施設」となる交流空間となりえる施設を指している。これは、日本政策投資銀行が2013年の勉強会から定義し命名した造語である。(株)日本政策投資銀行 地域企画部、『スポーツを核とした街づくりを担う「スマート・ベニュー®」―地域の交流空間としての多機能複合型施設―』2013年（http://www.dbj.jp/pdf/investigate/etc/pdf/book1308_01.pdf）。

（3）松橋崇史ら『スポーツのちから―地域をかえるソーシャルイノベーションの実践』、慶應義塾大学出版会、2016。ここでは、地域をかえるソーシャルイノベーションの触媒としてスポーツ実践を捉え、その「スポーツの持つ力」を利用し、スポーツが地域の活性化や人びとの繋がりを形成する核になっている事例が報告されています。しかし、注意しなければならないのは、この実践がどのような効果を地域にもたらせているかの継続的な検証はされているとは言い難い。

（４）パットナムは、ソーシャル・キャピタル（ＳＣ）という概念を、「調整された諸活動を活発にすることによって社会の効率性を改善できる、信頼、規範、ネットワークといった社会組織の特徴」と定義している。『哲学する民主主義―伝統と改革の市民的構造』ＮＴＴ出版、２００１年、２０６―２０７ページ。ただし、コールマン、Ｐ・ブルデュー、Ｎ・リン、など各研究者によって様々に定義されてきているため注意が必要。詳細については、宮川公男「ソーシャル・キャピタル論―歴史的背景、理論および政策含意」宮川公男、大守隆編『ソーシャル・キャピタル―現代経済社会のガバナンスの基礎』所収、東洋経済新報社、２００４年、３―54ページを参照。その後、同概念からアメリカ社会を分析した書籍として『孤独なボウリング―米国コミュニティの崩壊と再生』柏書房、２００６年がある。

（５）S. Kanamori「Social Participation and the Prevention of Function Disability in Older Japanese : The JAGES Cohort Study」、『介護予防を推進する地域づくりを戦略的に進めるための研究』研究者代表近藤克則、厚生労働科学研究費補助金、長寿科学総合研究事業 Ｈ25―長寿・一般―００３、２０１５年、７ページ。健康とソーシャル・キャピタルに関する著作として、近藤克則『健康格差社会―何が心と健康を蝕むのか―医学書院』２００５年、イチロー・カワチ他『ソーシャル・キャピタルと健康』日本評論社、２００８年。

（６）菊幸一「スポーツ政策と公共性」菊幸一、齋藤健司、真山達志、横山勝彦編集『スポーツ政策論』所収、成文堂、２０１１年、１６２―１６３ページ。中澤篤史は、戦後を通した運動部活動の拡大・継続した存在意義を問うなかで、64東京開催が決定されるなかで、部活方針が競技力向上重視へ変容していくことになったと指摘している。『運動部活動の戦後と現在戦後―なぜスポーツは学校教育に結び付けられるのか』青弓社、２０１４年、１１５―１１７ページ。

(7) 尾崎正峰「背中合わせのオリンピックと地域スポーツ」、石坂友司／松林秀樹編著『一九六四年東京オリンピックは何を生んだのか』所収、２０１８年、１２０―１２９ページ。本書では、社会学者と歴史学者がスポーツと都市をテーマとして二部構成で編纂され、１９６４年の東京オリンピックを振り返り、詳細に検討している。

(8) 前掲書『一九六四年東京オリンピックは何を生んだのか』１３７ページ。

(9) 平成22年1月27日から6月4日まで、第１７３回国会における所信表明演説に基づき、「新しい公共」という考え方やその展望を市民、企業、行政などに広く浸透させるとともに、これからの日本社会の目指すべき方向性やそれを実現させる制度・政策の在り方などについて議論を行うことを目的として開催した会議（内閣府 https://www5.cao.go.jp/entaku/index.html）。平成22年6月4日に「新たな公共」宣言がされ、第8回「新しい公共」円卓会議資料として、「新しい公共」円卓会議における提案と制度化等に向けた政府の対応が公表されている（内閣府 https://www5.cao.go.jp/npc/pdf/goverment-actions-nihongo.pdf）。スポーツ研究では「新しい公共」論を、地域社会との関連のなかで、新たな中間集団の担い手とした自発的市民を想定し、直面する生活課題を解決する諸主体との連携を目指し、スポーツ経営学分野を中心に前向きに評価されてきた。その一方で、スポーツ社会学分野では、その運営に関する問題性とそこに携わるものたちの限界が報告されている。

(10) 内閣府「日本再興戦略２０１６―第４次産業革命に向けて―」平成28年6月2日（https://www.kantei.go.jp/jp/singi/keizaisaisei/pdf/zentaihombun_160602.pdf）

(11) 日本経済再生本部、「未来投資戦略2017—Society 5.0の実現に向けた改革—」平成29年6月9日（https://www.kantei.go.jp/jp/singi/keizaisaisei/pdf/miraitousi2017.pdf）

(12) アンドリュー・ジンバリスト『オリンピック経済幻想論～２０２０年東京五輪で日本が失うもの～』ブックマン社、２０１６年、70ページ。Andrew Zimbalist : "The Economic Gamble Behind Hosting the Olympics and the World Cup" 2016。その他に『60億を投資できるＭＬＢのからくり』"May the Best Team Win : Baseball Economics and Public Policy"『サッカーで燃える国 野球で儲ける国—スポーツ文化の経済史』"National Pastime : How Americans Play Baseball and the Rest of the World Plays Soccer" などがある。

(13) １９３６年に開催されたナチス主導によるベルリン・オリンピックは、国威発揚に利用されたオリンピックとして記憶されている。

(14) 前掲書『オリンピック経済幻想論～２０２０年東京五輪で日本が失うもの～』74—75ページ

(15) ホワイトエレファント（白い象）とは、英語の成句で、いわゆる無用の長物のことを言う。タイでは王様が気に入らない家来に神聖さの象徴である白象を下賜し、家来は象を働かせる事もできず、世話に費用がかかり、大変困窮したという故事に由来する。（https://ja.wiktionary.org/wiki/white_elephant）

(16) 祝祭資本主義の詳細については、Jules Boukoff の『オリンピック秘史—１２８年の覇権と利権—』早川書房、２０１８年。"POWER GAMES-A Political History of The Olympics" 及び『Celebration Capitalism and The Olympic Games』Routledge、２０１４年を参照のこと。ナオミ・クラインは『ショック・ドクトリン—惨事便乗型資本主義の正体を暴く』岩波書店、２０１１年で、惨事の直後などの社会の不安定な状態時につけこんで、政府の責務を企業の役割に転じて惨事を食い物にする大企業の問題点を明らかにしたが、祝祭資本主義はこの惨事便乗型資本主義との関係性から説明されている。

(17) 小笠原博毅・山本敦久『やっぱりいらない東京オリンピック』岩波ブックレットにおいて、Jules Boukoffなどを引きながら、現代のオリンピックを「社会的災害」として徹底的に批判している。そして著者たちは、名古屋におけるオリンピック誘致の際にも反オリンピックを掲げて『反東京オリンピック宣言』航思社、2016年を出版している。

(18) 三島由紀夫「彼女は泣いた、私も泣いた」『東京オリンピック 文学者のみた世紀の祭典』講談社文芸文庫編、2014年、195－197ページ。同書、有吉佐和子「魔女は勝った」197－201ページ。解説において、高橋源一郎は『作家の総動員体制といってもいいのではないか。一つのイベントに関して、これだけ大量の作家が集まった例はほかにはない・・・かと思って考えたが、唯一の例外が「あの戦争」、すなわち「太平洋戦争」だろう。・・・もともと反対していたのだけど、「やる」と決まったからには、文句を言わない・・・これと同じようなフレームを、この中で、何度読んだことだろう。』と述べ、2020年の東京オリンピックに同様のことが起きるのではないかと危惧をしている。390－391ページ。

(19) 前掲書「成功神話の内実と記録映画がもたらす集合記憶」、石坂友司／松林秀樹編著『一九六四年東京オリンピックは何を生んだのか』所収、青弓社、2018年、24－44ページ。

(20) 上山和雄「東京オリンピックと渋谷、東京」、老川慶喜編著『東京オリンピックの経済史』所収、日本経済評論社、2009年、39－74ページ。そして、1964年の東京オリンピックを問い直した著書として、前掲書、石坂友司・松林秀樹編著では、松林が「オリンピックに向けた道路整備―六四年大会が残したもの」を参照、１７２−１８８ページ。

(21) 前掲書『一九六四年東京オリンピックは何を生んだのか』青弓社、２０１８年、14ページ。

(22) 石坂友司「オリンピックレガシーの登場」『現代オリンピックの発展と危機１９４０−２０２０』人文書院、所収、２０１８年、２０１−２２３ページ。

(23) 石坂友司・松林秀樹編著『〈オリンピックの遺産〉の社会学―長野オリンピックとその後の十年』、青弓社、２０１３年、７−８ページ。

(24) １９９８年の長野オリンピックに関するジャーナリストによる著作や研究書がいくつか出版されている。相川俊英『長野オリンピック騒動記』、草思社、１９９８年、天野恵一編著『君はオリンピックを見たか』、社会評論社、１９９８年、松村和則「象徴闘争としての「環境五輪」―生活・定住環境からみる長野冬季オリンピック」、佐藤利明「道路整備と過疎山村の変容―長野冬季オリンピックの事例―」『メガ・スポーツイベントの社会学―白いスタジアムのある風景―』所収、南窓社、２００６年、前掲書『〈オリンピックの遺産〉の社会学―長野オリンピックとその後の十年』、青弓社、２０１３年など。

(25) 前掲書、石坂友司・松林秀樹「第1章「遺産」をめぐる開催地の10年」『〈オリンピックの遺産〉の社会学―長野オリンピックとその後の十年』所収、青弓社、２０１３年、33−53ページ。

(26) 前掲書、高木啓「第7章「遺産」としての「一校一国運動」―長野市立徳間小学校の取り組みを中心に」、『〈オリンピックの遺産〉の社会学―長野オリンピックとその後の十年』、所収、青弓社、２０１３年、33−53ページ。

(27) 阿部潔「東京オリンピック研究序説」関西学院大学社会学部紀要、２０１６年、１２３号、65−83ページ。

(28) 安藤忠雄「基調講演―10年後の東京」『日経コンストラクション』２００７年12月26日号

(29) 「朝日新聞」２０１１年８月２日付

(30) 須田直之「地域社会におけるスポーツの役割」『都市問題』第85巻12号、１９９４年、15－26ページ。

(31) 前掲書、『スポーツのちから―地域をかえるソーシャルイノベーションの実践』、慶応義塾大学出版会、２０１６年、松橋崇史・高岡敦史編著『スポーツまちづくりの教科書』、青弓社、２０１９年、ジャーナリストによる地域のＪクラブを活写したものとしては、宇都宮徹壱の『股旅フットボール―地域リーグから見たＪリーグ「百年構想」の光と影』東邦出版、２００８年、『サッカーおくのほそ道―Ｊリーグを目指すクラブ 目指さないクラブ』カンゼン、２０１６年、他多くの著書が出版されている。

(32) 地域社会学会では２００８年報において、『縮小社会と地域社会の現在～地域社会学が何を、どう問うのか～』と縮小社会についての特集が組まれている。

(33) (株)日本政策投資銀行 地域企画部、『欧米スタジアム・アリーナにおける「スマート・ベニュー®」事例』２０１４年、(https://www.dbj.jp/pdf/investigate/etc/pdf/book1407_02.pdf)、日本プロサッカーリーグ、『欧州におけるサッカースタジアムの事業構造調査』２００８年、(https://www.jleague.jp/docs/aboutj/clubeuro_stadium_report2008.pdf)、イングランドにおけるスタジアムを利用したビジネスの変容に関して、歴史的・社会経済的に捉えた研究として飯田が詳細に検討している。飯田義明ほか「イングランドにおけるスタジアムビジネス―Tottenham Hotsuper FCを事例として―」、専修大学社会体育研究所紀要、２００３年、第27号、17－29ページ。飯田義明「イングランドにおけるプロ・フットボールのスタジアム変容に関する一考察」、２００５年、専修大学社会体育研究所紀要、第29号、７－16ページ。飯田義明「スタジアムの証券化による資金調達―イングランド・プロフットボールクラブを事例として―」、スポーツ産業研究、2006年、第16号1巻、13―23ページ。

(34) 前掲書『スポーツを核とした街づくりを担う「スマート・ベニュー®」―地域の交流空間としての多機能複合型施設―』2013年。

(35) 新潟県長岡市役所、平成20年11月、長岡市中心市街地活性化基本計画、5―33ページ。(https://www.city.nagaoka.niigata.jp/shisei/cate01/sigaiti-kassei/nintei.html)

(36) 新潟県長岡市役所、平成31年4月、長岡市中心市街地活性化基本計画、3―6ページ。(https://www.city.nagaoka.niigata.jp/shisei/cate01/chukatsukeikaku/file/plan-00all.pdf)

(37) 前掲書、平成31年4月、長岡市中心市街地活性化基本計画、23―24ページ

(38) (株)日本政策投資銀行 地域企画部、『持続可能なスマート・ベニューの実現に向けて～ミクニワールドスタジアム北九州の整備前後での比較調査を通じて～』2018年。(https://www.dbj.jp/ja/topics/region/industry/files/0000030219_file2.pdf)

(39) 前掲(4)。

(40) 前掲書『哲学する民主主義―伝統と改革の市民的構造』NTT出版、2001年。

(41) 前掲書『哲学する民主主義―伝統と改革の市民的構造』NTT出版、2001年、110―111ページ。

(42) 前掲書、S. Kanamori「Social Participation and the Prevention of Function Disability in Older Japanese : The JAGES Cohort Study」、『介護予防を推進する地域づくりを戦略的に進めるための研究』(厚生労働科学研究費補助金、長寿科学総合研究事業 H25―長寿・一般―003)2015年、7ページ。

(43) 飯田義明「スポーツ参加者におけるコミュニティ意識―ソーシャル・キャピタル論をふまえて―」公

益学会研究、2014年、第14巻、第1号、1－9ページ。その他に、飯田義明「地域スポーツ参加者におけるソーシャル・キャピタル意識の検討：中・高齢女性の体操教室を対象として」、専修大学スポーツ研究所紀要、2015年、第30号、1－10ページ。組織の時系列的拡大については以下を参照、飯田義明、「地域社会におけるスポーツ実践とソーシャル・キャピタルの可能性」社会関係資本論集、2010年、第1号、91－105ページ。

（44）前掲書『孤独なボウリング―米国コミュニティの崩壊と再生』柏書房、2006年、431－448ページ、SCには、一般的に「橋渡し型（bridging 型）」と「結束型（bonding 型）」の二つに類型化される。パットナムは、社会関係資本のダーク・サイドについて議論しており、「結束型（bonding 型）」は自由を制約し、不寛容になるのではないかとの指摘に対し、コミュニティと平等性は相互に強化しあうものであり、互いに並び立たないものではないとの立場をとっている。ただし、「結束型（bonding 型）」の問題点も自覚しており、集合的問題に対しては「橋渡し型（bridging 型）」が社会関係資本には必要であると考えている。

（45）小林は、「余暇・娯楽」と「貧困・開発」という相反するように見える2つのフィールドが、スポーツの活用可能性を煽りつつグローバル・イジューとしての開発問題を培いながら関心を高めてきたと指摘している。そして、「開発」の領域と「スポーツ」の領域が連携し、途上国の発展を支える体制つくりへ向け、その底辺を広げる組織的取り組みが始まったと述べ、その経緯について詳細に論じている。小林勉『スポーツで挑む社会貢献』創文企画、2016年。

（46）吉見俊哉『五輪と戦後　上演としての東京オリンピック』河出書房新社、2020年。氏は、これまでも歴史社会学的な視線と文化政治学的な視線が交差する地点から、演劇論を分析方法として博覧会や万博などの様々なビック・イベントを分析してきている。

律文化社、2012年（共著）。『現代アメリカにおけるホームレス対策の成立と展開』専修大学出版局、2006年。「貧困認識と規定要因としての「農村的生活様式」—岩手県内自治体住民に対する意識調査結果から」専修大学社会科学研究所月報 No.663、2018年。

永江　雅和（ながえ　まさかず）

1970年　福岡県生まれ。一橋大学経済学部卒業、一橋大学大学院経済学研究科後期博士課程単位取得退学。博士（経済学）。専修大学経済学部教授。

専門：日本経済史

著書：『京王沿線の近現代史』クロスカルチャー出版、2017年。『小田急沿線の近現代史』クロスカルチャー出版、2016年。『食糧供出制度の研究—食糧危機下の農地改革』日本経済評論社、2013年。

徐　一睿（じょ　いちえい）

1978年　中国上海生まれ。慶應義塾大学経済学部卒業、慶應義塾大学大学院経済学研究科博士課程修了（経済学博士）。慶應義塾大学経済学部助教、嘉悦大学経営経済学部講師を経て、現在、専修大学経済学部准教授。

専門：財政学、中国経済論

著書：穆尭芊、徐一睿、岡本信広編著『「一帯一路」経済政策論 プラットフォームとしての実像を読み解く』日本評論社、2019年（共著）。徐一睿『中国の経済成長と土地・債務問題—政府間財政システムによる「競争」と「調整」』慶應義塾大学出版会、2014年（単著）。徐一睿『中国の財政調整制度の新展開—「調和の取れた社会」に向けて—』、日本僑報社、2010年（単著）。その他共著多数。

飯田　義明（いいだ　よしあき）

1964年　愛知県生まれ。筑波大学体育学群卒業、筑波大学大学院修士課程体育研究科修了。筑波大学体育学群技官、専修大学講師を経て、現在、専修大学経済学部教授。

専門：スポーツ社会学、スポーツ産業論

著書・論文：『諏訪御柱祭にみる地域協働のなかの統合と運営：上社湖東地区の慣例と創出のしくみ』専修大学人文科学研究所月報、第299号、2019年（共著）。『Jクラブ・ユース選手における学校生活：教師の「語り」からの検討』中央大学体育学研究、2016年。『スポーツ参加者におけるコミュニティ意識：ソーシャル・キャピタル論をふまえて』日本公益学会、2015年。『プロスポーツ経営とスタジアム』現代スポーツ評論、2006年。その他。

著者紹介（掲載順）

宮嵜　晃臣（みやざき　てるおみ）

1956年　大阪府生まれ。法政大学経済学部卒業、筑波大学大学院博士課程社会科学研究科経済学専攻単位取得済退学、筑波大学社会科学系準研究員、長野工業高等専門学校助教授を経て、現在、専修大学経済学部教授。

専門：日本経済論

著書・論文：SGCIME 編『第3版　現代経済の解読－グローバル資本主義と日本経済』、御茶の水書房、2017年。「庄内たがわ農業協同組合月山ワイン山ぶどう研究所について」、専修大学社会科学研究所月報、No.667·668、2019年、http://www.senshu-u.ac.jp/~off1009/PDF/190220-geppo667,668/smr667,668-miyazaki.pdf。「大阪ワインの底力」、専修大学社会科学研究所月報、No.661·662、2018年、http://www.senshu-u.ac.jp/~off1009/PDF/180820-geppo661,662/smr661,662-miyazaki.pdf。「北海道各地のブドウ栽培・ワイン醸造・ワイン販売に学ぶ地域性」、専修大学社会科学研究所月報 No.654·655、2018年、http://www.senshu-u.ac.jp/~off1009/PDF/180220-geppo654,655/smr654-miyazaki.pdf

長尾　謙吉（ながお　けんきち）

1968年　大阪府生まれ。横浜市立大学文理学部卒業。大阪市立大学大学院文学研究科単位取得退学。大阪市立大学大学院経済学研究科教授などを経て、現在、専修大学経済学部教授。

専門：経済地理学、都市・地域経済論

著書：Philippe Batifoulier, et al., eds., "Dictionnaire des conventions", Presses Universitaires du Septentrion, 2016年（共著）。長尾謙吉・本多哲夫編『大都市圏の地域産業政策』大阪公立大学共同出版会、2014年（共編著）。近畿都市学会編『都市構造と都市政策』古今書院、2014年（共著）。

小池　隆生（こいけ　たかお）

1971年　東京都生まれ。専修大学経済学部卒業。専修大学大学院経済学研究科博士後期課程修了。博士（経済学）。岩手県立大学社会福祉学部専任講師を経て、現在、専修大学経済学部教授。

専門：社会政策・社会保障論

著書・論文：『雇用と生活の転換―日本社会の構造変化を踏まえて』専修大学出版局、2014年（共著）。「検証「社会保障改革」―住民の暮らしと地域の実態から」自治体研究社、2014年（共著）。『福祉論研究の地平―論点と再構築』法

日本における地域経済・社会の現状と歴史
生活環境の視点から

2020 年 9 月 10 日　第 1 版第 1 刷

編著者　宮嵜　晃臣

発行者　上原　伸二

発行所　専修大学出版局
〒101-0051　東京都千代田区神田神保町 3-10-3
(株)専大センチュリー内
電話 03-3263-4230(代)

印刷
製本　株式会社加藤文明社

ISBN978-4-88125-351-9